U0030360

王時成談判大師實踐寶典

"提高知識、見識、膽識，邁向人生勝利組"

海峽兩岸企管名師

王時成／著

談判能力是
「人生勝利組的門票」

　　人人都想成為人生勝利組，有人說培養專業能力很重
要，有人說人生機運很重要，有人說生逢其時很重要，有
人說出生背景很重要……就我觀察，成功者的共同特質是：
專業、努力，加上審時度勢，善於創造籌碼。事實上這些
特質也是談判專家的特質，因此可以說：談判能力是「人
生勝利組的門票」。

　　談判是一項挑戰性極高的任務，兩造存在立場衝突、

利益衝突、面子衝突時，在公說公有理，婆說婆有理的緊張對立下，如何有效進行斡旋，協商、談判、找到雙方都能感覺合適的均衡點，需要應變機智、博奕勇氣，決策智慧。

各國出版的談判書籍為數不少，每一本陳述的談判策略與技術都令讀者十分受用。大學談判課程選用的教科書比較偏重專業理論，但同時提供一些談判個案供學生們討論。一般性商業談判書比較偏重實用性，重視權勢籌碼的應用。

本書撰寫策略兼顧學理、實用性、完整性，突出易讀、易懂、易學、易用四大特色，適合自學更適合作為企業培育談判人才的首選訓練教材。

社會上有四種人認為談判很難。第一種認為難的人，因為心理畏懼，總是告訴自己我不會談判、我不懂談判、我不喜歡談判。第二種認為難的人，是因為大腦習慣於線性思考，受到對方壓制之後便落入困境。第三種認為難的人，是因為提不出靈活對策，缺乏創造籌碼的技巧。第四

種認為難的人，是不知道如何交換條件，如何分配利益，如何施展影響力。

本書循序漸進教導具有以上四種難處的生手成為喜歡談判、擅長談判的高手，若你是具備談判基礎的中級手，本書教你系統化思考談判對策，厚積你的斡旋能力，升級成為談判專家。

本書共分 5 篇 12 章，有系統地幫助讀者完整學習博奕學。【個人篇】的重點在落實心理建設、培養卓越觀念、建立上談判桌的信心。【學理篇】介紹雙贏談判模式與增值談判模式，幫助讀者瞭解談判學的兩個主流模式。【戰略篇】講解如何運用形勢理籌碼與 TIP 物理性籌碼，其中包含時間籌碼（Time）、資訊籌碼（Information）、權勢籌碼（Power）；闡釋如何運用 ICE 心理性籌碼施加對方壓力，如何找出對方的軟肋，運用槓桿原理有效說服對方。【應用篇】在指導新手談判前的準備步驟與臨場應對技巧，幫助生手快速學會談判、不畏懼談判、輕鬆駕馭談判。

　　特別強調，案例多更是本書的另外一項特色，運用國際案例、實戰案例、趣味案例等，除了啟發學習者的創意思維，還能證明談判這一門學問的魅力與價值。觀察社會上、商場上擅長談判者都是贏家，擅長談判者往往都成為團隊領導者，組織高端管理者。談判不僅僅是談判，通過談判鍛鍊可以提升邏輯力、表達力、溝通力、說服力、斡旋力、仲裁力、分配力、決策力。談判學是一門人生、職場成功學！

　　希望本書能幫助更多人突破自我、快速成長、成為談判大師（Nego-Master），更歡迎你早日加入「談判菁英人才庫」取得「人生勝利組的門票」。

王時成

目　錄

第三章　照著學！保證快速成為談判高手

Part 2　學理篇

談判如棋局，棋理解迷津

第四章　快速教你雙贏談判技巧（WIN-WIN）

Part 3　戰略篇

三大籌碼（TIP）影響談判形勢發展

Part 5　應用篇

第十二章　談判新手上路 3 + 6

附錄／個案研討

談判能力
影響一生成敗

談判贏了！
你的人生就贏了！

01 / 為什麼你的一生成就 一直落在人後

● 成為人生勝利組的秘訣

　　義大利經濟學家維爾夫雷都・帕雷多（Vilfredo Pareto）於 1895 年首度發表「帕雷多法則」（Pareto Principle）。他發現社會人士分為 2 種人：20% 的人屬於「重要少數」（vital few），這些人的成就、財富以及影響力比其他人優越許多；其餘 80% 的人屬於「不重要多數」（trivial many），這些人的成就、財富以及影響力相對不是那麼突出。換言之，成為「重要少數」即能成為人生勝利組。

　　帕雷多深入研究後發現所有的經濟活動都受〈帕雷多 80/20 法則〉支配，例如：

❖ 銷售業績的 80% 是由 20% 的頂尖業務員創造。

❖ 營業收入的 80% 是由 20% 的大客戶提供。

依此類推，只要掌握關鍵的 20% 籌碼，談判就能成功。只要發揮一個人關鍵的 20% 獨特專長，人生就能成為勝利組。

● 培養 20% 的關鍵能力（重要少數）

不能解決問題，問題將把你解決掉。人生勝利組都是解決問題高手，他們藉由談判解決問題。談判高手具備慎謀能斷，合縱連橫，長袖善舞，高影響力的領導特質，本書的核心價值在幫助讀者培養 20% 人生勝利組關鍵能力：談判力。

● 強化硬實力、軟實力、巧實力

談判是化解衝突解決問題的斡旋藝術。任何談判掌握形勢理或優勢籌碼為硬實力，擅長擬定策略見招拆招為軟實力，善用智慧創造極大化效益為巧實力（smart power）。例如：大陸影集《精英律師》傳達「運用人和創造最大談判效益」的理念，即屬於巧實力。影迷提出以下觀後心得：

心得一：原來所有生意都是通過人與人合作而成交，商譽、
品質、價格都在其次，人和最重要，談判雙方關
係不好很難合作。

心得二：律師上法庭之前與委託客戶的溝通算是一次談判。
每一次對外談判都要先處理好內部談判，內部取
得共識可以做為對外談判的後盾。

心得三：每一次談判都不是單獨一個點的博奕，而是很多
方面的較量，談判相當複雜，談判者需要學會系
統化思考，看清楚問題本質，才能創造威力十足
的籌碼。

心得四：「善律者不訟」，擅談判者不喜歡動不動就與人
較量，反而喜歡用溫和的協商方式化解彼此間的
矛盾，引導對方合作解決問題，終究談判只是手
段，解決問題才是最終的目的。

心得五：高明談判者有備而來，擅長使用邏輯思考擬定談
判策略，每一項動作都環環相扣，不是只與人爭
論不休。

● 提升知識、見識、膽識

為何談判高手總是神閒氣定？因為身懷三識：知識、見識、膽識。知識包含學識與技術，唯有專家才能說服人家，知識可以產生影響力。知識能轉換成權勢籌碼，見識使一個人胸有成竹從容不迫，見多識廣能識破對方的伎倆。膽識幫助談判者提高心理素質，有效抵擋對方施加的壓力。擁有三識如同擁有武功金鐘罩。

鍛鍊膽識可以利用迴力球訓練法（Pitching Game）幫助自己增強反應力，膽識。迴力球訓練法亦稱為自問自答訓練法，自己拋出問題自己找答案。以下是一個刺激三個反應的訓練模式，經常演練可以鍛鍊反應力與膽識。

自問 1：迫使對方價格打八折，我可以採取哪三種方法？

自答 1：（1）威脅法 / 你不降價我就走了

（2）利誘法 / 你這一次降價以後我會再來買

（3）補鍋法 / 打七折我才要買，打八折也會考慮。

自問 2：地位不對等時，藉由哪些籌碼可以翻盤取得對等地位？

自答 2：（1）＿＿＿＿＿＿（2）＿＿＿＿＿＿（3）＿＿＿＿＿＿

自問 3：雙方實力相當時，如何從對方手中贏取更多利益？

自答 3：（1）_____（2）_____（3）_____

自問 4：處於劣勢時，如何創造轉捩點？讓自己反敗為勝？

自答 4：（1）_____（2）_____（3）_____

自問 5：談判經驗不足時，採用哪些技巧可以讓對方願意讓
　　　　步？

自答 5：（1）_____（2）_____（3）_____

自問 6：對方玩弄手段，如何識破對方的伎倆？

自答 6：（1）_____（2）_____（3）_____

自問 7：我方籌碼不足，如何達成＜與其不勝不如求不敗＞
　　　　的結果？

自答 7：（1）_____（2）_____（3）_____

　　以上迴力球自我訓練法，要求 15 秒內想出三個點子，時間拖長才回答將失去訓練效果，談判者在壓力下首先要能發想出許多對策，其次審慎地選擇有效方案，最後伺機回應對方。後續還有更刺激的訓練法引導大家舉一反三。

● 培養剛毅的決斷力

談判需要在每一個階段做出睿智的決斷，例如：要讓步還是不讓步？要妥協還是不妥協？要博弈還是認輸？莎士比亞名劇《哈姆雷特》第三幕第一場，哈姆雷特王子自問：「To be or not to be？要生存還是要毀滅？」走出人生低潮或談判困境靠的是決斷力，要有抉擇的智慧，要有剛毅的行動，才能避開「當斷不斷，反受其亂」的困擾，做出明智的抉擇。電影《亂世佳人》（原著《飄》）女主角郝思嘉陷入煩惱時剛毅地說：「Tomorrow is another day」（明天會是嶄新的一天）。性格決定談判風格，談判風格影響談判效益。

02 /

為什麼你老是
談不贏人家

● 成功與失敗的距離

申請信用卡客戶 H 小姐已經連續三個下午打來銀行投訴，理由是信用卡單位同事歧視她。事實上是因為 H 小姐的財力與信用不合規定，所以無法為她核發卡片。她說她不在乎銀行無法發卡給她，但行員講話太傷人顏面，H 小姐每次電話投訴都會超過半個小時，同事們紛紛走避的結果使她怒火愈燒愈大。

王副理是信用卡部談判高手，她指示行員把這個棘手問題拋給她處理。她首先表明她的身份，她說：「您好！ H 小姐，我是王副理，我特別出面給您說對不起，因為我沒把同事們訓練好，讓您生氣了，以後我會請同事特別注意的。」行員向客戶說明金管局相關法令規定時，除了要耐心講清楚之外，還要特別

注意口氣。「謝謝您！提醒我們以後應該注意的細節，請問您現在可以不再跟我們計較了嗎？歡迎未來有機會能為您服務！」王副理化解衝突的說服技巧在行內首屈一指，為何年紀輕輕就能升到副理職位？成功與失敗的距離在「對人性的了解」。

合作三年的美國進口商 Chris 越洋來電要求 JPD 公司賠償貨款的三成，他的理由是上個月空運送達的電腦軟體在標籤設計上有明顯的錯誤。JPD 公司確認有瑕疵但不影響軟體的操作功能。台灣 JPD 公司總經理越洋向客戶致歉，並表示願意賠償貨款的一成。客戶 Chris 獅子大開口要求賠償三成，Chris 心中如此盤算：JPD 公司應該不會將瑕疵品退回台灣重新修改標籤設計，因為來回運費過高，相信 JPD 公司會衡量得失答應賠償三成。JPD 總經理算準客戶急需這批軟體，於是堅定要求退運，Chris 終於願意接受一成賠償，因為他被 JPD 抓住人性軟肋。成功與失敗的距離在看清礎對方的真正需求。

● 談判要有成本觀念

為什麼你老是談不過人家？時常受人制肘備感委屈？學談判不難，懂談判需要智慧。談判不一定要贏過對方，有時候「輸

才是贏」，這是談判的成本觀念，智者談判的法則是短空長利，談判要贏的是實質利益，求之不可得的時候要知取捨。例如：討債談判變成凶殺事件，離婚談判變成互相毀滅，議價談判變成品質低落，併購談判變成企業形象敗壞，意氣之爭造成談判雙輸，這些都是談判的偏差行為。寧為玉碎不為瓦全，無法忍受這口氣，一定要教訓他一下，贏得面子失去裡子的談判缺乏成本觀念。

● 博奕要有實力

談判實力佔七成，博奕要有實力才能獲勝。實力低於七成的談判要能贏只有靠蠻橫不講理，使對方心生畏懼。談判實力包含內在實力與外在實力，內在實力指的是你擁有比對方更多優勢籌碼，外在實力指的是形、勢、理對你相對有利。博奕要把握有利的時間點，威力才能顯現出來。

● 提升邏輯推論能力

談不贏人家的另外一項原因，主要是邏輯辯證能力弱，言之有物，說之有理才能說服對方。運用「麥肯錫金字塔思考術」可以幫助你提升談判者邏輯辯證能力。

03 / 學談判不難！
一學就上手！

● 強化邏輯思考

談判需要強大的說服力，說服力來自邏輯思考與論述能力。邏輯思考與論述能力包括：如何構築立場、如何立論、善於歸納、善於演繹、善於印證。

「有邏輯」指「根據」與「結論」之間有著明確的脈絡關聯，非憑空地將兩者硬湊在一起。「邏輯思考」是針對問題提出有效答案的過程。練習回答 3 個問題，邏輯架構便能確立，所提出的說法就足以讓人信服。

◆ 該怎麼做才能解決問題？

◆ 要達到的話，有哪些方法可行？

◆有什麼根據，證明這些方法真的有效？

● 善用金字塔原理

　　「金字塔原理」是麥肯錫聞名的邏輯思考術。以三角圖表呈現時，三角形頂點為結論，形成結論的方法或證據在三角形的底線兩端，層層堆疊而成。金字塔印證因中有果，果中有因，環環相扣的理論。在金字塔結構中，用以闡明結論和證據之間的「縱向關係」，稱之為「So What？/ Why So？」

麥肯錫金字塔思考術

　　「So What」意指「你陳述的內容代表什麼（what）」，你必須事前檢視證據能否支持這樣的結論。例如：根據「品質與價格是正相關的理論」，通過成千上百個交易檢驗，取得「一

分錢一分貨」的結論。代表我說的話是有依據的，通過實證的。

　　「Why So」則是「為什麼會這樣（why）」你必須事前確認「結論是否真能由證據推論獲得」。例如：我們無法降價，理由是電鍍的材料與電鍍方法不同，導致產品的耐用度不同，因為材料不同，技術不同，成本不同，所以我們的報價當然就會不同。

　　「So What? / Why So?」是金字塔原理中用來檢視結論與證據之間是否存在因果關係。

　　管理大師大前研一在《思考的技術》一書中提醒大家，看到問題後直覺得出的想法，只是假設而非結論，「不要把假設和結論混為一談」。

● 發揮影響力

　　談判者的影響力包含以下四點：

　　一、讓對方思考你希望他們思考的事。

　　二、讓對方理解你希望他們理解的事。

　　三、讓對方感受你希望他們感受的事。

四、迫使對方做你要他們做的事。

讓對方思考與讓對方理解是影響對方的大腦，讓對方感受是影響對方的心理，迫使對方做，促進對方行動。影響力愈高，你的談判力愈強。

● 善用侵略式口才

談判是博奕學，也是心理學，如同德州撲克博奕一般，雙方不斷在鬥智影響對方的出牌心理。談判者敢開口，先開口，敢挑戰，敢拒絕，敢博奕，氣勢上將先贏三分。

侵略式口才與談判效益有極大關係，它可以幫助談判者達成許多目標，其中包含友善式、高壓式兩種策略。例如：

❖ 我感覺跟你們合作比較投緣，請貴公司提報一份新報價單。

❖ 你都願意幫助我們這麼久了，眼前只是一個小問題，請你好人做到底吧。

❖ 我期待貴公司能提供更多資訊讓我公司研判是否值得繼續與你們合作。

❖只要你放棄堅持，我們一切都好談。

❖不要使用這種方法懲罰自己，對方又不知道，請你好好珍惜自己。

❖沒有品質哪來服務？不談技術哪有保障？我們的價格是用來保障服務品質與技術保障的。

❖你不尊重我們的立場，不能換位思考，我們如何釋出善意。

❖再便宜一點，快接近底價了，我們準備決標了。

04 / 避免贏得戰役 失去戰爭

● 博奕賽局的取捨原則

進入博奕賽局，如何給？如何取？避免贏得戰役失去戰爭，該如何取捨？抓大放小、看遠不看近是最主要的兩大決策。不要短視，不要只顧在巷弄中與對手進行巷戰而忽略終戰的勝負。換言之，避免在小利益上與對方纏鬥不清，縱使贏得無數戰役，最終卻失去戰爭，總的來說，還是得不償失的。

邊境兩位商人，一老一少，老商人說：一頭羊跟你換兩頭豬。年輕商人說：不成！一頭換兩頭，這樣我吃虧！老商人說：小伙子！往大處著眼的商人，不會在小地方與人斤斤計較，學會大氣，學會往遠處看，抓大放小，我看你挺機靈的，我傳授四十年草原交易的寶貴經驗給你，一頭羊換兩頭豬，你換還是不換？

05 / 快速解開海峽兩岸學生 對談判的困惑

● **機智反應快，舉一反八**

❖困惑：談判點子太少，如何改善？

❖解套：使用「Pitching Game 迴力球訓練法」，瞬間反應 出八個方法。

例如：客戶嫌你價格太貴，要求降價，請在一分鐘內想出 八個回應對策。

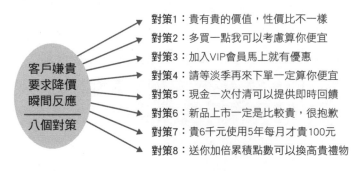

對策1：貴有貴的價值，性價比不一樣

對策2：多買一點我可以考慮算你便宜

對策3：加入VIP會員馬上就有優惠

對策4：請等淡季再來下單一定算你便宜

對策5：現金一次付清可以提供即時回饋

對策6：新品上市一定是比較貴，很抱歉

對策7：貴6千元使用5年每月才貴100元

對策8：送你加倍累積點數可以換高貴禮物

客戶嫌貴
要求降價
瞬間反應
——
八個對策

● **問題問對，答案就有了**

❖ 困惑：如何找出真正的問題？

❖ 解套：教育學者杜威博士說：「能正確定義問題，問題就已經解決一半」。豐田式管理（Toyota Way）也說「問題問對，答案就有了」。談判的目的是為了化解衝突，無法正確定義問題，將無法提出針對性化解問題的對策。探索問題的順序如下：

・問題是什麼？

・問題怎麼來的？

・是誰製造的問題？

・問題存在多久了？

・這個問題產生什麼影響？

・應該如何解決？

問題問對，答案就有了！談判高手要先學會如何思索問題。

● 用非線性思考翻轉局勢

❖ 困惑：線性思考往往無法有效解決問題

❖ 解套：有一家人決定搬進城，於是去城裡找房子。全家三口，夫妻倆和一位 5 歲小男孩，他們跑了一整天，直到傍晚好不容易看到一張公寓出租的廣告，三個人趕緊跑過去，發現房子出乎意料的好。開了門，溫和的房東對這一家人從頭到腳打量了一番。丈夫鼓起勇氣問：「您這間房屋要出租嗎？」房東遺憾地回答：「啊！對不起！我的公寓不出租給有孩子的家庭」。夫妻倆聽了一時不知如何是好，只好默默地離開。那 5 歲小男孩把事情的經過從頭至尾看在眼裡，心想：「難道就沒有辦法了嗎？」

他那紅咚咚的小手又去敲房東的大門。這時候，夫妻倆已經走到 5 公尺遠的地方，回頭望著孩子。門開了，房東出來了，孩子精神抖擻地跟房東說了一段話：「★＊＄..........」，房東聽完之後，高聲大笑起來，決定把房子租給他們。請問：5 歲小男孩向房東說了些什麼，竟然能說服房東，願意破例出租房子給這一家人？小男孩說：「房東先生，我要租房子！我沒有小孩，符合您的

規定，請您租給我！不過我父母要搬來跟我一起住，可以嗎？」房東先生聽完哈哈大笑，決定出租，因為他佩服小男孩的非線性思考，並且膽識過人。

談判時不要以為對方的權勢比你大、資源比你多，就輕易放棄博奕，資源多不代表優勢，只要運用非線性思考，找到對方的罩門、軟肋，你就能反轉局勢贏得賽局。

● 扭轉對方的認知

❖ 困惑：如何避免被對方的説法套牢

❖ 解套：情人節傍晚小張興高采烈獻給小薇一朵玫瑰花，準備去吃情人節大餐。

小張：小薇，情人節快樂！送妳一朵紅色玫瑰花，代表我愛妳！

小薇：哼！妳根本不愛我！

小張：為什麼妳說我不愛妳？

小薇：你只送我一朵，表示愛我那麼少！

小張：小薇，要送妳幾朵才代表我愛妳啊？

小薇：999 朵。

小張：知道了！我馬上去買 999 朵送妳。不過妳有沒有
想過，送妳 999 朵玫瑰花的男士一定是多情浪漫
的男士。

小薇：我就希望你能多情浪漫。

小張：妳再想一想，多情浪漫會不會造成感情氾濫？最
後出軌，腳踏兩條船？

小薇：嗯！可能喔！可是你才送我一朵，還是表示你愛
我很少！

小張：小薇！妳的「一」代表數量少，我的「一」代表
質量高，「一」象徵妳是我生命中的唯一。現在
你希望我送妳 999 朵，然後出軌？還是送妳一朵，
妳成為我生命中的「唯一」？

小張扭轉小薇的認知，最終說服了小薇。

● 一切都是為你好

❖ 困惑：對方總是排斥我的提案

❖ 解套：使用 IBS（Initial Benefit Skill）技巧，從對方的利

益出發來說服對方。IBS 可以解釋為「一切都是為你好！」

例如：孩子的父母抱怨補習班收的學費很貴，班主任說：事實上不貴，這樣的收費值得父母親付出，不要讓孩子輸在起跑點。多年前《世界新聞報導》電視節目播出時間被安排在深夜，節目主持人的 IBS 是：「給我 30 分鐘，我給你全世界！」觀眾覺得值得，該節目一推出，收視率馬上暴高。

使用附帶條件拒絕對方

❖困惑：價格已經退無可退，客戶卻繼續要求降價

❖解套：使用苦肉計若仍無法阻止對方繼續砍價，提出附加條件一定可以讓對方知難而退。例如：我可以答應你價格再便宜一點，但訂單數量必須加倍，或換成次級品。

戰略性忍耐

❖困惑：面對不理性的對手，如何與他談判？

❖解套：運用戰略性忍耐，不要隨他起舞，點醒對方回歸理性解決問題，否則會兩敗俱傷。例如：面對對方不理性的

要求，你必須按耐住性子反問「憑什麼你如此要求？」「我
想聽聽你的理由是否夠充分」，經過一兩次提點，便可弱
化對方的氣焰。

如何識破對方的伎倆

❖困惑：如何判斷對方講話的真實性？

❖解套：行為學研究指出眼睛瞳孔、臉部肌肉經過訓練可
以讓對方察覺不出一個人說話的真偽，但兩手的肢體語
言則掩飾不住內心世界的想法。學習觀察對方雙手的動
作，有助於研判對方講話的真實性。例如：對方十指交
扣放在胸前，表示對方處於防衛的狀態。孔子說：「聽
其言，觀其行，人焉廋哉」。

勇敢揭穿對方的不良企圖

❖困惑：如何應付狡猾的談判對手？

❖解套：狡猾的談判對手經常使用設計好的問題引你進入
他的圈套，挖坑讓你跳，你要直白地說，勇敢揭穿對方
的不良企圖。

例如：執行官與義務人針對分期還款條件的談判話術

義務人：我的經濟狀況不好，無法一次清償，有什麼好
　　　　的辦法嗎？

執行官：可以提出具體分期計畫，頭期款先繳，然後每
　　　　個月分期繳。

義務人：你們可以怎麼分？

執行官：你先說說看你要怎麼繳？

義務人：我不知道你們有幾種標準啊？

　　義務人十分狡詐，不斷地反問、試探，套話，希望執行官提供最長的還款期數。執行官直白地揭穿義務人的企圖，運用資訊籌碼告訴對方我已經調查清楚你的經濟現況與目前正在進行的商業活動，遏止對方企圖展延還款。

● 換位思考採取彈性立場

　　❖困惑：因雙方各有堅持而使談判陷入僵局，如何解決？

　　❖解套：

　　顧客：這個印度銅盤賣多少錢？

老闆：妳眼光不錯，75 美元怎麼樣？

顧客：太貴了，我買旁邊那一塊壓傷的，我出 25 美元跟你買。

老闆：妳買完整的吧！算妳 65 美元如何？

顧客：我只願意出 30 美元，65 美元還是太貴，給我合理一點的價格。

老闆：這位女士，妳只顧自己的立場不斷砍價，不顧我的利潤，做生意很辛苦耶！55 美元拿走得了。

顧客：頂多 35 美元，我是客戶當然希望越便宜越好啊！

老闆：我進貨需要成本！我還要承擔店租！這個銅盤子的進價比妳開的價格高太多了！妳要替我設想啊！

顧客：我上班賺錢也很辛苦！那就 45 美元，我最多就付這個價錢。

老闆：妳看看上面的雕刻圖案多精緻，到明年這樣的銅盤價格能翻 2 倍以上的。

顧客：我不管明年，我只管現在。

老闆：妳不重視價值，只顧自己的立場，我降價也是白降。

顧客：顧客的立場不就是一直砍價嗎？

老闆：我已經降到 55 元，不買就拉倒了。

顧客：我已經加到 45 元，不賣就算了。

老闆：喜歡就不要只顧自己的立場，平白失去收藏珍品的機會，換位思考再加一點吧！

顧客：好吧！各讓一步，50 元成交。

老闆：謝謝妳。

甘迺迪總統時期，美蘇全面禁止核子試驗的談判失敗了！分析導致失敗的癥結是雙方一直在立場上糾纏不清，只顧立場之爭而忽略問題點。當時主要的問題是：美蘇雙方每年允許對方到自己境內被懷疑有核子試驗活動的地區檢查多少次？蘇聯方面提出的是 3 次，美國則堅持最少 10 次，由於彼此堅持立場，談判就此破裂。

分析問題的癥結在於雙方都沒有明確指明檢查是指一個人四處看一天？還是 100 個人不加選擇地檢查 1 個月？雙方都沒有在設計檢查程式上動腦筋，更沒有彈性地想一想如何使檢查方案既滿足美國方面的利益，又能實現盡可能減少干預蘇聯的

願望。由於雙方將更多的精力投入立場之爭，真正該關心的問題點完全被忽略，以致美蘇談判嚴重到差一點就爆發戰爭危機。談判過程必須隨時提醒自己，爭論的議題是否就是問題點，只討論無關緊要的問題，會讓談判失焦，最終因問題癥結無法解決而導致失敗。

● 因人而異地談判

❖困惑：如何分辨對方是溫和型或強硬型的談判者？

❖解套：從性格、思想、態度、目的、手段等等，分辨對手屬於哪一類型，依「對手導向」原則提出對應策略。

〈溫和型〉	〈強硬型〉
●對方是朋友	●對方是對手
●目標在於達成共識	●目標在於獲勝
●為了友誼做出讓步	●要求對方讓步做為維持雙方關係的條件
●對人和事採取溫和協商態度	●對人和事採取強硬壓迫態度
●信任對方	●不信任對方
●容易改變立場	●固守立場不動搖
●大方給予對方實惠	●威脅壓縮對方的利益
●亮出底牌提供透明化資訊	●掩飾自己的底線讓對方猜測
●為了達成協定願意承受單方面損失	●把單方面優惠作為達成協定的條件
●尋找對方可以接受的解決方案	●尋找自己可以接受的單方面解決方案
●以達成共識解決問題為目的	●以對抗堅守自己的立場為目的
●避免意志的較量	●試圖在意志的較量中取勝
●迫於壓力而妥協	●給對方施加壓力自己不妥協

● 分辨不同典型的決策主管

❖困惑：很想影響決策主管但一直使不上力

❖解套：美國一家管理顧問公司針對 1,700 名企業主管做出以下分類：

1. 追隨型 36 %

2. 魅力型 25 %

3. 懷疑型 19 %

4. 思考型 11 %

5. 控制型 9 %

一、說服追隨型談判者的技巧：

用「保證」跟他談判。銷售談判前，多準備幾份你的成功案例，強調你給他的提案一定會成功，為他建立仿效目標，鼓舞決策者前進。銷售談判進行時，你必須條理分明地進行簡報，舉例證明你的銷售方案是最佳提案，提出數個令客戶印象深刻的研究結果，將你的提案與決策者的構想結合起來，仔細分析方案中每一細項成本效益，提醒客戶你的方案是經過檢驗的，請他放心。

二、說服魅力型談判者的技巧：

用「熱情」跟他談判。銷售談判前，準備好你的前瞻性想法與一份書面摘要，製作幾份能凸顯提案重點與價值的圖表，準備一些白紙以便隨時論述之用。銷售談判進行時，你必須一開始即點出問題，直接切入主題推銷前瞻創新的信息化解決方案。簡報必須因應現場狀況即時調整，避免讓客戶覺得你在吹噓，必須在樂觀論述中提及一些挑戰與風險問題，使提案內容符合魅力型決策者的遠程規劃。

三、說服懷疑型談判者的技巧：

用「證據」跟他談判。銷售談判前，找出懷疑型決策者認識的、信任的其他公司或人員，請這群人提出想法與討論，並邀請他們一起參與意見分析、製作簡報。強調你的信息來源是可靠的，是值得決策者信賴的。銷售談判進行時，你必須做好心理建設，勇於面對決策者連珠炮式的質問，不要認為對方的箭頭指的是你個人，就事論事直接切入主題，拐彎抹角將令對方懷疑你，說話聲音態度皆要充滿自信，讓對方被你說服。詳細介紹所有的可行方案，提出行動方案時，務必請問決策者有何問題需要進一步說明，並強調你的建議通過他信賴的友人共同檢驗過的。

四、說服思考型談判者的技巧：

用「大腦」與他談判。銷售談判前，準備兩梯次的會議，第一次討論相關的佐證資料及評估提案的可行性，第二次討論交易條件與實施細節，從不同角度提供信息給對方徹底評估可行性方案的風險與正反面價值。銷售談判進行時，強調對方目前共有那些問題必須改善對他比較有利，有條理有邏輯地說明你的建議方案，表列各項行動方案的優點與缺點，並持續請問對方還需要那些說明，一直到對方接受你的建議為止。

五、說服控制型談判者的技巧：

用「意志力」與他談判。銷售談判前，做好心理準備，告訴自己說服控制型是很難的一件事。讓對方認為你的想法是對方想出來的，運用沒有嘴巴的推銷員，包含文章報導、案例說明、分析資料，提早先送達給客戶，提供決策者事先閱讀。注意搜尋控制型決策者無法掌控的問題，然後提出有效的協助方案。銷售談判進行時，未獲得對方尊重你為專家之前，避免與對方見面，找出對方信任的人替你說服他，不能贏得對方信任的談判會議不必與會，提案內容事先請控制型決策者過目認同後，才能在會議中提出。

● 談判必須有系統地進行

❖ 困惑：控制不住場面，總覺得談判缺少震懾力。

❖ 解套：觀察談判高手出招，內行人看門道，外行人看熱鬧，即興式談判威力有限，談判震懾力來自系統性力度。

第一階段：

使用「鷹眼」靈敏觀察並分析對手，使用「狼顧」評估整體談判形勢，檢視自己在法／理／情三方面的優勢與劣勢，了解對方是崇尚道德還是陰險狡猾，設定你的談判風格與對策。

第二階段：

「創造籌碼」，靈活運用 TIP 物理性籌碼，包含：時間籌碼（T）、資訊籌碼（I）、權勢籌碼（P），做為博奕之用。

第三階段：

「不斷加重籌碼份量」製造對方產生心理壓力，沒有壓力的籌碼都不能稱做籌碼。心理壓力來源包含：利誘（I）威脅（C）關係（E）三種，統稱「ICE 心理性籌碼」。

第四階段：

展開賽局博奕，交叉使用加法談判（誘之以利），減法談判（損失厭惡），迫使對方做出對我方有利的決策。

第五階段：

使用「給與取」技巧進行分配式談判，依據形勢決定如何「妥協讓步」創造互利共贏的結果。

Chapter 2

談判的行為模式：
零和、雙贏、
原則式、增值談判

01 / 避免使用衝突手段
解決衝突

● 使用衝突手段不易解決問題

　　談判的行為模式分很多種類，不論使用哪一種模式，談判的目的都是為了化解衝突解決問題，使用衝突手段解決衝突，只會讓衝突更加惡化。選擇「戰略性忍耐」避免因小失大才是上上之策。若實在避免不了衝突，選擇「可控制的衝突」維持鬥而不破的競合關係，為彼此達成協議製造機會。

02 /

談判的行為模式
／多元典型

● 硬式談判與軟式談判

硬式談判亦稱立場型談判，談判者重視立場，認為利益比關係重要，有時為了利益不在乎關係破壞。軟式談判亦稱讓步型談判，談判者重視關係，認為關係比利益重要，有時為了顧全關係願意委屈求全。立場型的態度太硬，讓步型的態度太軟，都不是理想的談判模式。

● 減法談判與加法談判

減法談判是運用敵意關係與恐嚇手段，威脅對方若不合作將減少對方的利益，迫使對方合作，達成利益不平衡的結果。加法談判是運用友善關係與增加對方的利益，利誘對方合作，

達成雙方利益均衡的結果。

● **零和談判**（Zero & Sum Negotiation）：

零和談判是寡佔型談判，強者得到全部，弱者一無所得。零和談判經常發生在籌碼不對等的衝突情境。

● **雙贏談判**（Win-Win Negotiation）：

談判結果有四種：你輸我贏、你贏我輸、你輸我輸、你贏我贏。你贏我贏稱為雙贏談判，有助於達成各得其利各取所需的結果。減法談判雖然也經常用來追求雙贏，但存在爾虞我詐現象，彼此關係容易受損。加法談判使用友善態度為彼此設想，談判後的雙方關係比較圓滿。

● **原則式談判**（Principled Negotiation）：

原則式談判主張人事分離原則，互相尊重對方的立場，各自努力尋求多元解決方案，最終合力解決問題。

● **增值談判**（Added Value Negotiation）：

增值談判採取坦承態度，講究道德，資訊透明化，重視對方權益，主動為對方設想，尋求兼顧雙方利益的融合方案，創造互利共贏。

日本航空名譽董事長稻盛和夫提出「共生」理念，稻盛社長在箴言中認為人類要想在今後得以持續發展，必須具備「共生」的思想，「共生」是指地球上的所有生命「共同生存」的想法。地球上的所有生物相互依賴、共同生存，人類社會也應如此，如果短視近利把對方趕盡殺絕，踩在對方身上自求生存，人類 社會失去利他心，其實不一定能利己。21 世紀人類推行環保與保育，前者希望保護植物，後者希望保護動物，因為地球只有一個，人與環境應該追求共生。增值談判追求談判雙方共同利益符合「共生」的理念，值得大力推動。

03 /

談判雙方是
亦友亦敵

● Frenemy 亦友亦敵

2007年人資專家黎茲・瑞安（Liz Ryan）在美國《商業週刊》首度提出新字Frenemy，該字由Friend加Enemy組合而成，解釋為「亦友亦敵」，談判關係既合作又競爭即是「亦友亦敵」，利益上的競爭是敵，共同促進問題解決是友，亦友亦敵的觀點呼應原則式談判的人事分離法則。

04／　忘掉輸贏與面子

● 活用情緒手段的談判藝術

　　艾莉森・伍德・布魯克斯（Alison Wood Brooks）2015年出版《活用情緒手段的談判藝術Emotion and the Art of Negotiation》一書，這是一本探討談判心理學的書籍。布魯克斯教授指導研究班學生練習「履行合約Honoring the Contract」的談判技巧，他為學生配對指定合作伙伴，談判前每個人都必須閱讀一段不同的提示，談判情境是如何處理供應商（電腦零件製造商）與客戶（搜尋引擎新創公司）之間的交易爭端。

　　學生們讀到的情境資訊是：雙方在8個月前簽訂一紙詳細合約，但他們對其中好幾項條件存在歧見，包括：銷售數量、價格、產品的可靠性、能源效率規格等。每位學生分別扮演客

戶或供應商，雙方都會收到有關公司財務方面與內部政治方面的機密資料。然後，每一組人都被要求重啟談判，這個過程的結果可能包括修改交易、終止合約，或是代價高昂的訴訟。這個模擬遊戲有趣之處不在談判的內容，而是在談判開始前，每一組學生都會有一人收到最高機密文件，一份教戰守則：「請在談判一開始就表現出你的憤怒。必須在一開始就先表現出怒氣，時間至少長達十分鐘。」

接下來，教戰守則告訴你表達怒氣的技巧：打斷對方的話，大聲指責他「不公平」或「不講理」，怪罪對方造成兩家公司的歧見，並繼續提高音量，怒目看著對方。未接到秘密指令的供應商代表們，有些人的反應是試圖平息對方的憤怒，有些人的反應則是跟著發火，用衝突對抗衝突，令人驚訝的是，情緒性的反應促使雙方的怒氣發展快速而且高亢。實習後，教授對各組進行調查，了解他們憤怒的程度，以及解決衝突的進展。通常顯現憤怒的組別，談判的結果愈不盡理想，有的小組甚至進入訴訟或陷入僵局，一直無法達成交易。

「情緒手段」在談判中扮演的角色十分吃重，善用音量、修辭、表情、肢體語言製造情緒壓力可以影響對手產生積極效

果，促使對方儘快配合，但也可能產生消極效果，使對方感覺顏面無光，從實驗中印證：重視輸贏與面子的人，談判效益相對比較差。

● 不爭輸贏的高情商

　　某婚宴中，一位中年男士認出他小學的教師。

　　於是上前恭敬的說：老師，您好！您還認得我嗎？

　　老師：對不起、我實在記不起來。

　　學生：老師您再想想，我是當年在教室裡偷了同學手錶的那位學生。

　　老師看著面前的這位學生，還是搖了搖頭說：我真的認不出你。

　　學生：當時您叫全班同學站起來，面向牆壁，再用手帕蒙上自己的眼睛，然後您一個個搜查我們的口袋。當您從我口袋裏搜出手錶時，我想我一定會受到您的譴責和處罰，一定會遭到班上同學的鄙視，也將在我生命中烙下無法磨滅的恥辱和創傷。但是事情並不是如我想像的，您把手錶歸還給物主後，就

叫我們坐回原位繼續上課。一直到我畢業離開學校那一天，偷手錶的事情從來沒有被提過或被傳說過。老師，現在您應該記起我了吧！

老師微笑地說：

我怎麼會認得你呢？為了同學之間能保持良好關係，為了不影響我對班上同學的印象，當時我也蒙上自己眼睛來搜查學生的口袋。學生聽了，緊緊抱著眼前這位老師，師生倆就這樣在感動中擁抱著。給人容身的空間，給人轉身的台階，這位情商高超的老師沒有在對方居於劣勢時給予致命一擊，反而展現絕佳 EQ 包容對方，充滿了智慧。

Chapter **3**

照著學！
保證快速成為談判高手

學習和戰兩手策略

● 談判最佳策略：和戰交叉運用

談判軌跡不是一條直線，也不是一條拋物線，是一條起起伏伏的波浪線，一下子和，一下子戰，經過一鬆一緊的操控手段，為談判創造最大利益，和戰兩手策略永遠是談判贏家的利器。

● 和？戰？氣長者勝！

和和戰戰使談判生手的情緒容易受到影響，一場眼看即將締結的談判，忽然被老手殺出程咬金干擾成交而頓感氣餒。談判桌上，個性像牛皮糖的人佔上風，容易出現英雄氣短的人居下風，來來回回和戰過程，氣長者勝，學談判要先學「比氣長」。個性像牛皮糖的人代表磨工好，談判需要慢慢磨才能磨出成果，談判桌上，氣長者勝！

個人篇

02 / 有計畫地進行談判

談判如棋奕，有計畫地佈局，有計畫地發展談判，避免張惶失措，進退失據。

● 步驟一：制定明確的目標

一、先確認二個 Know：

「know why？」為何要談判？思緒清晰動機明確，找出明確的目的。

「know what？」想清楚之後表列具體需要談判的項目。

二、審時度勢：審視談判形勢是有利？還是不利？選擇什麼時機啟動談判最有利？

三、依據 SMART 法則擬出每一項談判目標的 KPI 指標：

S（Specific）具體明確的目標。例如：要求財務損失賠償、取得孩子的監護權、取得經營權。

M（Measurable）可衡量的目標。例如：賠償金至少 100 萬元、每週希望探視 3 次、希望取得股權 20%。

A（Attainable）可實現的目標。例如：實際賠償金 50 萬元、每週至少探視 2 次、實際可取得股權 15%。

R（Relevant）相關聯的目標。例如：附帶公開致歉、孩子可以被帶回媽媽家吃飯、取得股東席位 2 席。

T（Time-bound）有時限的目標。例如：裁決後三天內全額支付、20 年有效期、股東會議期間。

● 步驟二：確認雙方的需要

　　談判不是單方的事，談判是雙方或多方相互激盪的斡旋過程，唯有考量彼此的需求才能進行有效的均衡分配。確認對方的需求即能找出對方的軟肋，對方為了得到想要的利益必須釋出條件與你交換，找到對方的軟肋，你就取得說服對方的籌碼。

● 步驟三：清點雙方需求的要素

一、有形要素:價格、品牌、品質、服務、折扣、交貨、付款、
保固、零件供應等。

二、無形要素:關係、信任度、專業度、未來可能發展等。

使用檢核表列明雙方需求的要素,做為擬定策略的基礎。

● 步驟四：準備你的策略

談判時腦海中要有譜。擁有優勢時採取強勢,剛中帶柔;
居於劣勢時採取守勢,柔中帶剛。談判策略不宜一成不變,必
須因人而異,因情境不同而變化。事前準備極為重要,沒有準
備就是準備失敗。

● 步驟五：決定你的減讓條件

影響談判能否成功的決定因素在減讓技巧,減讓是交易過
程的關鍵技術,減讓條件是談判者在給與取(Give & Take)過
程中思考「讓什麼」、「讓多少」、「在什麼情況下做出減讓」、
「減讓之後可以交換到什麼利益」。

以下是談判專家常用的減讓技巧：

一、承諾給予報酬，但約束對方必須同時做出反饋。

二、威脅對方，減讓之後若無法實踐諾言將給予懲罰。

三、提醒對方堅持不減不讓，彼此將雙輸。

四、將你的減讓擴大價值。

五、運用三鏡法把蛋糕做大，使減讓動作衍生更多利益。

注意可變因素隨時在影響談判的進度，盡量排除可變因素讓談判朝向最終目標邁進。同時要懂得控制減讓條件落實風險管理：

一、永遠不要無償讓步，只提供「有條件的讓步」。

二、提升你減讓條件的價值，讓對方相信你已盡力，對方已獲得最大利益。

例如：

❖ 施出苦肉計，讓對方感受到你已經退無可退。

❖ 告訴對方他已得到我方最佳的減讓條件了。

❖ 告訴對方你減讓所付出的代價，損失非常龐大。

❖ 點出你的減讓可以幫助對方解決某一個問題，將你的減讓使用乘法擴大價值。

❖ 說明你已經盡力幫助對方爭取最佳條件，你的主管可能不同意，你是先斬後奏。

三、將對方的減讓價值貶至最低程度，讓對方知道你不滿意對方提供的條件，例如：

❖ 當對方減讓時，只要禮貌致意，不要過度致謝。

❖ 點出對方的減讓都是理所當然，對方不應居功。

❖ 貶低對方減讓的價值，表示那些價值都不是我方重視的價值。

❖ 將對方的減讓價值用除法加以除小，指明我們獲益實在不多。

❖ 談判結束後，面露難色，使用回馬槍要求對方再讓一點，能讓就可達成協議。

● 步驟六：估算方案的整體效益

將所有的談判要素加總起來衡量它的效益，若達成談判目標需要付出的代價過高，就必須重新考慮每一項交易要素的原先方案，重新調整出一套較為合理或有利的新方案。

● 步驟七：準備你的立場

準備立場有助於取得話語權，讓論述更具合理性與邏輯性。首先讓對方理解你的立場，研判對方可能的切入點，找出雙方預期的均衡點，鼓舞彼此努力朝向均衡點邁進，有時候均衡點不只一點，有可能是一個區間。

● 步驟八：為談判會議做準備

強化你的心理素質，告訴自己已經做好準備。再一次確認談判會議主題，了解對方談判代表的職位，進行沙盤推演，預測各種可能的變化，多準備幾個預備方案，以利展開談判後能水來土掩兵來將擋，胸有成竹見招拆招，不致於張惶失措，落居劣勢。

03 / 審時度勢

粗估談判成功因素，70% 是形勢成就贏家，30% 是談判者扭轉形勢突出奇兵成為勝者，談判贏家的籌碼來自時空因素居多。例如：楚霸王自刎烏江，大嘆「時不利兮騅逝」，一代英雄敗在形勢不利陷入四面楚歌而失去江山。

大貨上市，昧於形勢，價格遲遲不降，終至失去許多買主。對方是全球知名品牌，不論你的談判技巧多高明，寡佔市場的形勢永遠比「理」強。

曹丕與曹植兄弟爭鬥權位，曹丕希望被父親立為世子，司馬懿審時度勢對曹丕提出不戰而能搶佔上風的「只爭對錯、不爭輸贏」戰略。他獻策曹丕只要專注於把事做對，當功績卓越，水到渠成，垂手可得，形勢比人強，形勢比理強。

04 / 　　　　　　　　　　　**鷹眼狼顧**

● **看穿對方的心理**

　　運用「鷹眼」技巧觀察對手行為，運用「狼顧」技巧評估環境形勢，看穿對方的心理，推測對方的行為。避免遇上談判老手挖坑給你跳，鷹眼狼顧技巧是出招前極為重要的談判能耐，幫助談判者進可攻退可守。

05／ 對手導向

　　對手不同，談判策略必須不同。例如：有的人不怕罵，你罵他，沒有用；有的人不怕打，你打他沒用；有的人不怕關，你關他沒有用；有的人不怕死，你打死他，沒有用。談判必須找出針對性的誘因與反誘因，再給予對方致命一擊。

06 / 辨識情緒籌碼

● 辨認情緒並適時加以操控

FBI 首席談判官針對談判情緒提出他的卓越的見解，他說：「多數學者與研究人員都無視於情緒在談判中扮演的角色」，一般人認為情緒只會妨礙談判，譬如哈佛原則式談判的講法是「人事分離」、「問題與人要分開」，但實際上，如果問題剛好就出在對方的情緒，要如何分開人與問題？何況當事人若是拿著槍的亡命之徒？情緒反而是溝通無法順利進行的主因，人與人之間有怨懟心理時，更不可能用理性將人事分開，所以不同情境要使用不同的談判法則。

務實的談判專家不會無視於情緒，假裝它們不存在，他們

敏於辨認情緒，並試圖加以影響。談判專家有辦法精準指出他人的情緒，包含下意識、潛意識、有意識的各種情緒，對談判者本身的心情尤其瞭若指掌。FBI 首席談判官認為一旦有辦法幫情緒貼上標籤，就有辦法談論它們，不受其他干擾因素影響。對專家們來說，情緒是一種談判的媒介，情緒不是談判的阻礙，而是一種可以利用的工具。

● 情緒是談判的權勢籌碼

擁有良好關係與融洽氛圍有利於談判協商，但遇到對方過度要求或故意挑釁時，適度運用情緒籌碼有助於遏止對方的不當行為。情緒籌碼分真心的不悅（sincere）與非真心的不悅（insincere），前者是顯現真正不高興，後者是偽裝不高興。香港某位富豪說：「做生意要誠信」，上談判桌要懂得發揮演員風格（showmanship），適度反應你的不悅，有效壓制對方的過份行為。

07 / 定錨效應

● 定錨的優勢

圍棋比賽持黑子的一方取得先攻優勢,談判過程搶先定錨的一方取得主導地位。談判定錨包含:先設定框架,先提出議題,先訂出標準,先提出要求,先設定底線,先要求,先拒絕,先否定,先總結。定錨產生威嚇、限制、主導效應,幫助談判者創造優勢。

● 業績長紅定錨銷售技巧

兩家賣粥的小店,每天顧客的數量和粥店的服務品質都差不多,但結算的時候,總是甲粥店的銷售額高於乙粥店。探究原因,原來甲粥店的服務方式不一樣,他們為客人盛好粥後,

服務員一定會問：「您要加 1 個雞蛋還是 2 個雞蛋呀？」而乙粥店的服務員只會問：「您加不加雞蛋啊？」接收到甲粥店提示的客人考慮的是「要加 1 個或加 2 個」，接收到乙粥店提示的客人考慮的是「加或不加」，銷售問法不一樣，引導出客戶的回答就不一樣。粥店若採用「肯定反問推銷法」，業績也能翻兩倍！例如：「粥好啦！幫您加 1 個蛋吧！」肯定反問法傳達銷售者的堅定意志，一般客人很難拒絕。

● 哈佛談判案例

約翰為建造房屋而與承包商簽訂一份承造合同，價格確定，而且明確要求必須以鋼筋水泥做為基礎。但合約中並沒有明確規定地基要挖多深，約翰犯了溝通技巧中的大忌「以為對方應該知道」，結果承包商認為有 2 呎已經夠了，約翰則認為應該要挖 5 呎。承包商提醒約翰說：「當初是你自己同意採用較淺基礎的，而且我還記得我也同意你在屋頂採用鋼樑的。」承包商以上的陳述句句屬實，約翰如何運用定錨法為自己翻盤？

對策 1：矢口否認曾經同意過、堅持承包商聽錯了（甩鍋法）。

對策 2：承認同意過，但請承包商幫幫忙（苦肉計）。

對策 3：選擇與承包商各負擔一半成本（折衷法）。

以上皆非談判高手的考量方案，約翰想了想說：

「可能當時我錯了，我以為 2 呎夠了❶。但我要的是『穩固的基礎』，它足以承受整個房子的重量❷。」

「政府在這方面訂有標準規範嗎？❸」

「在這個地區中的其他房子是採用多深的基礎？❹」

「這裡的地震風險有多大？❺」

「你認為我們應該到何處去尋找解決問題的標準？❻」

談判結果：承包商願意免費為約翰開挖 5 呎深的基礎，約翰談判獲致成功。

◆ **定錨法解析：**

技巧❶：約翰使用 Frenemy 策略，不得罪對方。

技巧❷：約翰另起爐灶轉換議題，將 2 呎或 5 呎的爭議，重新定錨為「穩固的基礎」。

技巧❸❹❺：約翰使用指向型問句製造三個定錨效應：

政府在這方面訂有標準規範嗎？

在這個地區中的其他房子是採用多深的基礎？

這裡的地震風險如何規避？

以上三個提問都指向「必須挖 5 呎深」的方向。最後約翰拋出一句開放型問句：你認為我們應該到何處去尋找解決問題的標準？承包商的答案被約翰用定錨法限制在政府標準、附近建築標準、本地地震風險，最終只能選擇配合約翰的要求。

08 / 翻轉定義

● 善用非線性思考

左腦邏輯思考（線性思考）用於檢視不合理的事，右腦創意思考（非線性思考）用於翻轉定義，兩種思考能力對提高談判說服力同等重要。

英國著名詩人拜倫在街上散步，一位盲人身前掛著一塊牌子，上面寫著：「自幼失明，沿街乞討。」可是，路人都視若無睹匆匆而過，過了很長一段時間，盲人的乞討盆子裡還是沒有半毛錢。拜倫走上前去，在盲人的牌子上加了一句話：「春天來了，我卻看不見她」。這一句話激起人們的同情心，過路行人紛紛伸出援手捐錢給盲人。「自幼失明」是從自己的立場

提出訴求，「你們看得到我卻看不到」是從行人的立場提出訴求創新思考，反向訴求對提升說服力有意想不到的效果。

德國漢堡銀行在招聘公關人員時，出了一道非業務能力的判斷題：「當國家的利益和銀行的利益發生衝突時，你採取何種策略？」

A君回答：「我會堅決站在我們銀行的立場上」。

銀行認為這樣的人會捅簍子，不予錄用。

B君回答：「我做為國家的一員，應該保護國家利益」。

銀行認為這樣的人適合在政府部門工作，不予錄用。

C君回答：「當國家利益和銀行利益發生矛盾時，我要盡全力淡化矛盾。」

銀行認為C君能兼顧兩者立場，運用雙觀點提出反向思考，正是銀行需要的人，因此決定予以錄用。

翻轉定義、倒過來看世界、從對方的立場思考問題，談判專家的大腦不能只會邏輯印證而已。

09／高說服力的口才

● 以對方的觀點說話

　　華頓商學院戴蒙教授提出兩種說服策略：「使用對方的標準」與「重視對方的權力」。

　　韓國《價值談判》作者崔哲圭提出「以對方的觀點說話」。他們的說法類似「從敵人的內部瓦解敵人」的說法。崔哲圭對如何發揮好口才有兩項建議：

❖ 培養自己成為真正會說話的人：

1. 在談判中「不能只顧著說自己的話」，單向表述無法引起共鳴。要反過來「以對方的觀點說話」，有了共鳴才能化解對立、產生影響力。

2. 談判中要把 IBS 變成說話的習慣。例如：研磨機價格貴一點是因為我們使用的材質不同，能幫助客戶增加使用年限長達 2 年。

10 / **隨機應變**

頂尖談判高手的特質

　　哈佛商學院麥克惠勒（Michael Wheeler）教授主張「談判不要墨守成規，不要被各種法則困住。」他主張談判最重要的技巧是隨機應變，不受限於談判理論才能創造各種可能性，他認為妥協、讓步、破局，都可能是一種好的結果。依據惠勒教授的觀察，他認為頂尖談判高手與一般談判者的差別在於：「掌握了談判過程中隨機應變的精髓」。

隨機應變：四變法

　　四變法是處理僵局的應變法寶：

策略一：變人

解決問題的順序：先處理人，再處理事。因為事情是人在決定。俗語說「不看僧面看佛面」，誰能影響對方，誰就是化解僵局成為最理想的關鍵人物。

策略二：變時間

改變時間重新談，讓彼此的糾結情緒釋放後再回頭談。時間可以改變許多事情，時過境遷，事緩則圓。時間延長後，對方急了，劣勢方有可能變成優勢方。

策略三：變地點

地點能創造出權勢優勢，這就是所謂的主場優勢。為了避開主場壓力化解僵局，不妨選擇雙方都能接受的第三方場所。

策略四：變方法

改變條件，改變方法有助於提高接受度。方法是人想出來的，懂得臨機應變彈性處理，把擋路的石頭變成墊腳石。

11／掌握人性、長袖善舞

有人說談判口才很重要，因為談判需要強而有力的說服力。但若缺少公關力，即使擁有絕佳好口才也是枉然，因為關係不好，氛圍不好，彼此有敵意，談判不容易談出結果。因此，掌握人性製造氛圍成為談判高手必須學會的關鍵能力之一。

所謂長袖善舞，包含：說話有魅力，能顧全大局，讓對方覺得立場被尊重，需求被了解，處事八面玲瓏，深得人緣，擁有影響力。

12／ 運用雙觀點看問題

● 季辛吉談判的雙觀點

美國前國務卿季辛吉（Henry Kissinger）談判時善於使用雙觀點看問題。哈佛商學院教授塞貝尼斯（James K. Sebenius）及其他學者長期深入訪談季辛吉國務卿，並將訪談內容出版成「季辛吉談判術」（Kissinger the Negotiator）。塞貝尼斯教授發現季辛吉談判時有一個動作做得特別好，他會像照相機鏡頭一般，拉遠看自己的策略，同時拉近看對方的想法。塞貝尼斯教授指出，其他談判好手也會如此做，但很少人可以做到如季辛吉一般的精細程度。他們往往偏重微觀或宏觀，不像季辛吉能持續地兼顧拉遠、拉近，使用雙鏡頭看問題，宛如軍事佈陣的反瞻技巧。

● 比爾蓋茲用雙觀點做決策

網路時代發展初期，美國線上（AOL）考慮要選用網景（Netscape）還是微軟 (Microsoft) 的瀏覽器？當時網景股票剛剛公開上市，瀏覽器技術明顯比微軟優秀，雖然微軟規模大而且獨霸市場，但各界普遍認為網景將贏得美國線上這個客戶。談判時，網景只視此為一筆大生意，沒有拉遠看戰略上的重要性。而比爾蓋茲（Bill Gates）則拉遠鏡頭做出深思熟慮，美國線上擁有 500 萬名使用者，公司決定使用哪一家瀏覽器影響的人數十分龐大，如果沒有獲得這家大客戶，微軟的核心資產將存在風險。因此，微軟傾全力投入資源，強化雙邊人際關係，最終贏得訂單。分析師們一致認為，網景失去這張大訂單是後來退出市場的關鍵因素。這項談判的戰略性價值是帶進遠端長期的營運利益，這一項長遠利益遠遠超過眼前短期的一張美國線上客戶的訂單。

「使用雙觀點做決策」與「任何事要從未來的角度看今天該做什麼，而不僅從今天做了什麼事來看未來的發展」，以上兩種策略性思維都有大智慧。

談判如棋局，
棋理解迷津

Chapter 4

快速教你
雙贏談判技巧
(WIN-WIN)

01 /
不學棋理卻想贏棋，
猶如緣木求魚

● 全面學習的重要性

　　談判是處理雙方或多方利益衝突的行為技巧，它藉助表達、溝通、協商、說服、分配技術而完成。拉丁文字根「Negotiates」代表「交易」的意思，交易是「給與取」的過程，給對方什麼？取對方什麼？不能獲得對方的支持或同意，談判不會有結果。學習雙贏談判的目標在於：如何軟硬兼施取得對方的支持，幫助自己在衝突中取得最大的利益。

● 軟式、硬式、原則式談判

　　雙贏談判首重分辨對手的典型，以對手為導向，因人而異，見招出招。

學理篇

〈軟式談判〉	〈硬式談判〉	〈原則式談判〉
•對方是朋友	•對方是對手	•雙方能解決問題
•目標在於達成共識	•目標在於勝利	•目標在於有效、愉快地取得明智的結果
•為了友誼做出讓步	•要求對方讓步做為維持雙方關係的條件	•把人和事分開
•對人和事採取溫和態度	•對人和事採取強硬態度	•對人溫和、對事強硬
•信任對方	•不信任對方	•談判與信任無關
•容易改變立場	•固守立場不動搖	•著眼於利益、而不是立場
•給予對方實惠	•威脅對方	•探討共同利益
•亮出底牌	•掩飾自己的底線	•避免談底線
•為了達成協定願意承受單方面損失	•把單方面優勢作為達成協定的條件	•為共同利益選擇方案
•尋找對方可以接受的解決方案	•尋找自己可以接受的單方面解決方案	•尋求多種解決方案、以後再做決定
•以達成共識為目的	•以堅守自己的立場為目的	•堅持使用客觀標準
•避免意志的較量	•試圖在意志的較量中取勝	•爭取基於客觀標準而非主觀意願的結果
•迫於壓力而妥協	•給對方施加壓力	•堅持並歡迎理性方法、只認道理不屈服於壓力

02 / 雙贏談判（win-win）

● **雙贏談判的迷思（myth）**

雙贏是普世奉行的談判理念，但雙贏談判並非理想的談判行為模式，因為雙贏談判過程經常出現爾虞我詐，運用減少對方利益為手段。達成雙贏有加法雙贏與減法雙贏兩種策略。

運用換位思考，積極互助設法尋找解決方案，這類型的雙贏談判稱為「加法雙贏」，加法雙贏類似增值談判，但不等同是增值談判。用減少對方利益達成協議的雙贏談判稱做「減法雙贏」。多數雙贏談判者使用減法雙贏，它存在以下六點迷思：

❖ **迷思 1：喊價要高、殺價要狠**

買方不可以接受賣方的第一次喊價，因為那個價格一定高

過賣方可以出售的價格。賣方認為第一次報價若不報高，後續買方砍價時，他將退無可退。減法雙贏買賣雙方彼此不信任，都心懷鬼胎極力防堵對方，彼此浪費許多時間在捉迷藏。

❖ 迷思 2：絕不要一開始就提出最佳條件

雙方都不可以一開始就提出最佳條件，因為對方不會相信那是最佳條件，減法雙贏總是懷疑對方。

❖ 迷思 3：對方不可能接受你開出的第一次條件

減法雙贏認為對手不會接受你的第一次條件，所以你想提供對方的條件，應該分成好幾次慢慢釋出才能滿足對方。

❖ 迷思 4：對方未讓步之前，我方絕對不能先讓步

減法雙贏談判者的心態如黑羊與白羊僵持在獨木橋中央，雙方誰都不肯先讓步，因為擔心先讓步者先吃虧。

❖ 迷思 5：不要透露太多信息，讓對方不斷猜測

減法雙贏理論主張談判過程要「守口如瓶」，不要洩露太多信息給對方，不能讓對方知道我方的底牌，我方才能操控談判形勢的發展。

❖ 迷思 6：主動讓步會引起對方不斷逼你讓步

減法雙贏談判觀念認為主動讓出一小步，對方會得寸進尺要求你讓一大步，只有在非不得已的情境下才能讓步。

● **實質雙贏的談判**

哈佛談判案例：

⌘ **情境一：**

A、B 兩位男孩同時看見一顆橙子與一把水果刀，請問兩人怎麼分？

A 說：我來切！

B 說：不行！你會切成一大一小，對你比較有利，這樣不公平，我不能接受。

A 說：讓你來切，你也會出現相同情形，我也不能接受。

最終解決方案：

A 負責切時，B 先選。

B 負責切時，A 先選。

以上談判結果，看來誰都沒有吃虧。負責切的人取得命運主宰權，先選的人取得最大利益選取權，達成各得其利各取所需的結果。

以上結果看似雙贏，其實只是表面上的雙贏，深入了解才知道：A 只要橙皮，B 只要橙肉。A 把 B 要的橙肉丟掉，B 把 A 要的橙皮丟掉，雙方都在浪費資源。

⌘ **情境二：**

A 向 B 表明他真正需要的是橙皮，因為他要製作香料。B 向 A 表明他真正需要的是橙肉，因為他要製作橙汁。最終 A 得到全部的橙皮，B 得到全部的橙肉，這一種分法使整顆橙子不被浪費，這才是實質的雙贏。談判必須深入了解彼方的真正需求，不能只做表面上的資源分配。

⌘ **情境三：**

萬一 A、B 兩人都想喝橙汁，沒有人要橙皮怎麼辦？

雙贏談判學者提出「談判議題整合法」。專家提醒大家不要只談單一橙子，要把其他對自己有利的議題一起拉進來談。

A 對 B 說：「如果你把整顆橙子讓給我，上一回你欠我的

一盒糖果就不用還了！」B 想了想，很快就答應了，因為 B 剛剛領到 100 塊錢，本來以為必須去買糖果還給 A，現在只要不跟 A 爭那一顆橙子，他就不必還 A 糖果，可以拿這 100 塊錢去玩他最愛的電玩遊戲。B 對自己說：「比起玩電玩遊戲，誰在乎這酸溜溜的橙汁呢？」 於是 B 決定將整顆橙子讓給 A，最終 A 得到整顆橙子。

「談判議題整合法」提醒談判者不要只在一件事情上討價還價，要將許多對自己有利的議題一起談，這樣就可以找到雙方不同的利益所在，逼迫對方在比較沒有效益的問題上讓步。

● 案例：法國羅浮宮談判

「維護羅浮宮歷史文物」是知名的實質雙贏談判。創造實質雙贏必須做到：

第一：要能夠提出「同時滿足談判雙方需求的創意選項」。雙方在談判過程必須積極動腦產出數個「創意選項」。

第二：「若要改變對方的行為，一定要先掌握對方的潛在需求，而非一味地要求。」掌握對方潛在的需求，

先得要設身處地，從對方的立場與角度思考對方的利益所在，及對方隱藏在背後參與決策人物的想法。

18 世紀法國掀起一場重要革命─法國大革命。平民軍第一個佔領的地方是巴士底監獄，接著攻佔王宮。平民軍進入王宮後親眼目睹王室成員過著奢華揮霍的生活時，群情激動，平民軍希望將王宮內所有珍貴寶物全部摧毀，藉此宣示徹底消除王政的決心。當平民軍突襲王宮之時，法國官員盡力守護著王宮，官員眼看宮內所有珍貴歷史文物將被平民軍摧毀，希望平民軍三思而行。

如何化解衝突？如何兼顧雙方利益？平民軍的要求是摧毀王宮，他們希望消除王政的象徵。政府官員的要求是保存王宮留住珍貴的歷史文物。

政府官員使用「再一次深入了解彼此的真正需求，而非一味要求對方讓步或只顧貫徹己方的意志」的互相尊重策略，政府官員以誠懇態度再一次邀請平民軍進行深度溝通，政府官員釐清平民軍的真實需求是：「對國王執政存在極端的反感，厭惡國王擁有奢華獨享的空間。」反之，平民軍釐清政府官員的

真實需求是：「為國家保存王宮內的歷史遺物，避免珍貴的歷史遺物被破壞殆盡，殊為可惜。」在理性的背後，雙方「發現」彼此存在合作的空間。

⌘ **發現一：**

深入了解後發現平民軍的潛在需求有兩點：

1. 希望對王室表達強烈不滿的情緒能獲得有效宣洩，同意以其他形式表達不滿。

2. 同意保留珍貴的歷史遺物。

⌘ **發現二：**

政府官員的潛在需求有兩點：

1. 珍貴的歷史遺物應該保留。

2. 同意廢除王宮以滿足平民軍的要求。

最終雙方同意將王宮變成「屬於市民的博物館」。平民軍廢除王室產權移轉為「市民的博物館」，讓人民不滿情緒獲得宣洩。政府官員將歷史遺物保存下來，且將原本屬於國王獨享的王宮空間轉為市民所有，就此宣示「法國王政時代結束」。

這一場加法雙贏談判讓人民得到勝利，同時對保留珍貴歷史遺物更具重大意義。

● 案例：西奈半島談判

西奈半島衝突是國際間引起矚目的談判。西奈半島位於埃及與以色列之間，原本屬於埃及的國土。1967 年一場知名的「六日戰爭」讓以色列成功奪取這塊土地。此後西奈半島便成為中東地區爭端不斷之地，因為掠奪者與被掠奪者之間的對立日趨嚴重，最終，1978 年展開「大衛營協議」，由美國居中仲裁，當時擔任仲裁者角色的是美國的范錫國務卿。

范錫問埃及總統沙達特：「您的要求是什麼？」

沙達特回答：「百分之百歸還西奈半島，少 1％都不行。」

范錫又問以色列總理比金：「您的主張是什麼？」

比金回答：「我願意歸還，但只能歸還部分，不可能 100％歸還。」

雙方的要求，一方是「100％歸還」，一方是「部分歸還」，沙達特與比金的談判條件顯然沒有交集。此時，國務卿范錫將

焦點放在了解雙方潛在的需求上，而不是各自開出的起始條件。范錫首先思考，埃及的潛在需求是什麼？埃及其實是低人口密度國家，土地遼闊寬廣，根本不在乎西奈半島這一塊土地，他們爭的是一口氣，追求捍衛國家的尊嚴，希望恢復國家的主權，埃及同時也顧慮：在尚未完全收回土地的情況下，與以色列簽訂和平協議，勢必成為其他阿拉伯國家的公敵。

反之，以色列的潛在需求是什麼？他們想獲得安全保障，以色列民族的神聖任務是守護耶路撒冷聖地，他們認為西奈半島可以作為緩衝之地，防止埃及和中東敵人入侵，協助守衛國家的領土。眼見當下兩國的立場各有堅持，利益互相衝突，范錫擔任仲裁者能提出什麼樣的創新整合方案？

范錫於是提出以下「創意選項」：

西奈半島完全歸還埃及，但這塊土地將劃為非軍事區，不會有兩國的軍隊，只會安排多國監視軍駐點於此。范錫的複合式條件安排，讓雙方認為既可顧及國家尊嚴又可以達成利益目標，三方談判終於達成協議。

埃及官員向人民發表聲明「我們的協商非常成功，找回了全部的領土。」以色列官員也向人民發表聲明：「我們的協商

非常成功，確保了國家百分之百的安全。」埃及與以色列雙方都向國人宣稱他們贏了！

● **案例：韓國高速公路施工衝突**

韓國興建蔚山到浦項高速公路時出現了激烈的施工爭執，施工單位因高速公路旁的居民提出 451 公尺路段要加蓋隧道型隔音牆而陷入長考，但是施工單位主張噪音分貝都已經符合國家規範，根本不需要加蓋隔音牆。居民要求加蓋，施工單位認為不需要加蓋，政府與居民出現激烈對立，這個衝突該如何解決？

「挖掘對方的潛在需求，不要只聽對方表面的說詞」是解決問題極為重要的訣竅。協商過程仔細傾聽與分析對方的陳述，找出對方隱藏性的需求，隱藏性需求才是對方的真正需求。

◎ **居民方**

雖然噪音確實是問題，但居民真正在乎的是房價將因此而下跌。

◎ **政府方**

施工單位的真正需求是不想增加工程預算，目前已經符合

噪音標準規範，如果再答應居民提出的要求擔心會開了不好的先例。

◎ **地方自治團體**

我們希望以上爭端能儘速獲得圓滿落幕。

◆ 表面上以上三方的要求分別是：

一、居民：加蓋隧道型隔音牆

二、施工單位：無法加蓋

三、地方自治團體：希望圓滿解決

◆ 但骨子裡三方的真正需求分別是：

一、居民希望能防止噪音問題，「解決房價下跌憂慮」。

二、施工單位不願意增加工程費，「擔心開了不好的先例」。

三、地方自治團體想要成功擔任仲裁角色，「避免引發民怨」。

◎ **最後，施工單位提出「創意選項」創造滿足三方的實質雙贏：**

⌘ **創意點子 1**

與其加蓋黑漆漆又昂貴的隔音牆，不如改建外觀亮麗款式

的隔音牆，此外，在隔音牆周圍建造樹林，選擇闊葉樹還有吸收噪音的功能。

⌘ 創意點子 2

在道路旁多蓋一些居民可以使用的運動器材和便利設施，創造更好的居住環境。

⌘ 創意點子 3

提出這樣的對策，地方自治團體就可以編列預算，但若將預算花費在加蓋隔音牆部分，未來居民們答謝時將會產生問題，因為這筆預算原本應該是由建商支出才正確，若將預算花費在種樹或增添運動設施方面則無問題，因為土地綠化協助居民美化環境是政府合法的支出項目。

03 / 機關算盡必將 兩敗俱傷

● 機關算盡、得不償失

　　談判要用計謀，但若機關算盡以為自己比對手「計」高一籌而得寸進尺，一旦被對方識破提出反制將得不償失，談判應該牢記〈計不可使盡〉原則，不要過度玩弄伎倆。

　　承租方李女士希望倉庫租金從一個月 6000 元降低為 5000元，出租方張先生表示沒有議價空間。李女士建議一年租金 7萬 2000 元一次付清，希望優惠為 6 萬元，出租方同意。之後，李女士使用切香腸方式進一步要求出租方提供 1 萬 5000 元更新門窗與油漆粉刷費。張先生認為李女士過於聰明，為了避免未來滋生事端，拒絕把倉庫出租給李小姐。

　　電視名人運用媒體資源頻頻在談話性節目中訴說她想離婚卻無法離婚的苦衷，男方遭受媒體輿論壓力，採取迴避策略，拒絕簽字，使離婚手續無法完成。資源不代表實力，機關算盡使對方沒有呼吸空間時，結果可能造成兩敗俱傷。

　　兵法言：「歸師勿遏，圍師必闕，窮寇勿迫。」留一點退路給對方，以免對方絕地反擊。古諺也說：「福不可享盡，勢不可使盡。」任何事情做過頭了都會造成物極必反，機關算盡不一定對自己有利。

　　《紅樓夢》王熙鳳擁有無與倫比的治家才能，長袖善舞聰明過人，擅於應付各色人等，但她的最終結局卻是「聰明反被聰明誤」，機關算盡仍是一場空。同樣的，談判要保留空間讓雙方都能夠生存，不要機關算盡，得不償失。

● 避免追求單方利益極大化

　　美國數學家約翰・圖基（John Tukey）指出：「假如大家都想最大化自己的利益，最終往往會落得兩敗俱傷的結果」。談判進入賽局（博奕）因為雙方都想追求利益極大化，所以一定會採取優勢策略減少對方的利益。「賽局理論」也稱做「互

動決策理論」，簡單說就是針對一群完全理性的決策者在決策時，追求個人利益極大化時，必須兼顧對方利益極大化與整體利益的均衡，否則雙方都將得不償失。

● 精明的極致是厚道

網路流傳這一則貼文，敘述企業經營雙贏哲學：

我的上一份工作是個需要我瘋狂出差的工作，那時每年要去好幾次德國。每次去德國，我都會住同一家簡單乾淨的商務飯店，飯店大廳櫃檯的旁邊，有個小桌子擺放著檸檬冰水和一次性杯子供顧客們免費使用。有時候早上，還會看到他們給晚起又趕著上班的客人提供咖啡牛奶和新鮮出爐的牛角麵包。

這些免費的供餐，都和飯店餐廳經營有直接的利益衝突，換句話說，喝了免費檸檬冰水或咖啡，可能就會少買或不買飯店大廳咖啡廳的飲料；吃了免費提供的牛角麵包，可能就選擇不吃早餐。

有一次我跟櫃台的經理聊天，想知道他們的服務邏輯。他笑著跟我說，他在英國讀旅館管理，有一堂課，老師請 The Ritz-Carlton Hotel 總經理來授課，這位總經理對他們說：「如果

你走進一家好的酒店,提出一個要求,你就會被滿足。如果你走進一家極好的酒店,你甚至不需要提出要求,你就會被滿足。因為,真正飯店經營的精明處,不是眼前利潤,而是客戶的忠誠度。其實,精明的極致是厚道。」談判學中,加法雙贏與增值談判都從厚道出發創造共贏。

回到那個飯店櫃台經理的話題,那天他說完了 The Ritz-Carlton Hotel 雙贏哲學後,微笑地說:「我們從來沒有因為擺放了咖啡麵包,而讓我們的餐廳受到多大的損失,我們卻因為這樣,讓我們的客人包容了我們不足的地方,他們願意相信我們做不好的地方,絕不是因為我們不用心。做生意講究厚道,不是斤斤計較,強大的一方要學會成全對方。

加法雙贏談判與增值談判兩者都是從厚道出發創造互利共贏。

04 / 原則式談判
(Principled Negotiation)

● 原則式談判：雙方共同追求雙贏

複習一下硬式談判與軟式談判的差異：硬式談判只顧捍衛本身立場，就算破壞雙方關係也在所不惜，稱為「立場型談判」。軟式談判為了顧全雙邊關係，寧願選擇讓步損失自己的利益，稱為「讓步型談判」。

哈佛商學院羅傑費瑟（Roger Fisher）教授提出「原則式談判」有效避開硬式談判與軟式談判的缺失，希望降低彼此的對抗性與利益分配失衡，追求提高彼此的合作性與均衡分配利益。

原則式談判亦稱哈佛談判，具有三項價值：

一、引導雙方積極思考解決方案

二、增加更多解決方案的選項

三、以客觀標準解決雙方的爭執

原則式談判主張「人事分離」，兼顧人的關係與事的利益，又稱「價值型談判」。它包含四個元素與主張：

一、人：談判者要將談判過程中人的因素與談判的具體問題區別開。

二、利益：談判者應關注雙方實質性的利益而不是表面的立場。

三、方案：為了共同的利益，談判者要努力創造各種可供選擇的均衡解決方案。

四、標準：如果遇到利益衝突，談判者應該採用客觀標準來衡量彼此的利益範圍。

實踐證明，原則式談判達成協議在履行過程中較為順利，毀約索賠的情況比較少。

實施原則式談判必須建立兩個前提：

前提一：要求談判雙方能夠在衝突性立場的背後，努力仔
　　　　細地尋求共同的利益。

前提二：談判雙方處於平等的地位，不要出現咄咄逼人的
　　　　強勢，也無須做出軟弱無力的退讓。

● **案例：供應商延遲交貨，如何談判？**

　　S 供應商交貨延遲了，為了維護公司的利益，如何向供應商
索賠呢？以下是原則式談判模式的準備步驟：

❖ **第一階段：蒐集與分析階段**

　　凡事豫則立，不豫則廢。談判人員要盡可能利用各種途徑
獲取完整資訊。包含：形勢、時機、雙方立場、雙方籌碼、雙
方代表、雙方的價值取向等，展開收集、分析、萃取轉換成談
判籌碼。同時深入分析人、利益、方案、標準四方面因素：

　　一、關於人的因素：

　　談判者要考慮談判各方持有什麼樣不同的觀點？

　　雙方對重大問題有沒有認知上的差異？

有沒有敵對的情緒？

當前雙方存在什麼樣的溝通障礙？

二、關於利益的因素：

談判者應考慮並認知各方的利益所在，雙方是否存在共同的利益？

是否存在彼此矛盾但卻可以相容的利益？

哪些是雙方勢在必得的利益？

三、關於方案的因素：

談判者應了解既定解決方案之外，是否還有其他可供選擇的談判解決方案？

四、關於標準的因素：

談判雙方應該尋找做為協議基礎的客觀標準，這個標準可能不只一個，標準盡量使雙方都能感覺到公平。

❖第二階段：策劃階段

這是在既有的形勢基礎上，進一步推動周密策劃的階段。

此階段的要點是要求談判人員運用創意性思考策劃如何進行談判，必須遵循以下四個原則：

一、關於人的問題：

事前預測對方談判代表可能製造的問題有哪些？

策劃如何回應對方的各種挑戰？

若出現雙方認知上的差異，如何解決？

若出現雙方情緒上的衝突，又如何解決？

二、關於利益的問題：

我方的各種利益中，哪些利益是重大利益？

哪些利益是對方重視的重大利益？

用什麼樣的方法可以滿足雙方的利益要求？

有無創意性方案可以促成皆大歡喜？

三、關於方案的問題：

談判者應考慮用什麼樣的方法可以找出最終雙方都能接受的解決方案？

如何避免衝突？如何擺脫僵局？如何避免陷入囚犯困境？

四、關於標準的問題：

找出雙方皆能接受的客觀標準。

如雙方各不讓步，哪些標準可以用來化解矛盾？

如何公平地分配利益？

❖ 第三階段：討論階段

運用執行力（Execution）書中提出的強力對話（robust dialogue）模式進行討論：

1. 不拘形式鼓勵對話，採取開放的態度，歡迎質問，找出真正的問題。

2. 鼓勵即席反應與創意思考。

3. 最後要有結論（Who to do what?）

4. 建構新觀點。

一、關於人的問題：

針對問題探討觀念差異時，必須多一點耐性與包容，發揮

情緒韌性，允許對方挑戰，發洩不愉快的情緒。

二、關於利益的問題：

每一方都要充分瞭解並關注對方的利益所在，要用封閉型問句（close question）進一步證實對方的真實需求。

三、關於方案的問題：

雙方都應積極考慮對方在互利共贏基礎上提出的提案。未經認真考慮或商議即排斥對方的提案，將使對方採取相同的報復行動，對方也可能不經思考即否定你的提案。

四、關於標準的因素：

出現利益衝突或僵局時，雙方要負起責任分別尋求客觀標準以協助彼此達成協議。

第四階段：執行階段

以目標為導向展開談判，戰術可授權第一線談判人員依循情境變化提出彈性對策。需要時召開對策會議共商大計。

05 / 囚犯困境（Prisoner's Dilemma）：
在兩難中追求雙贏

● 非零和博弈

囚犯困境是賽局理論（亦稱博弈論）中「非零和博弈」最具代表性的例子，反映個人最佳選擇並非團體最佳選擇。雖然困境本身只屬模型性質，但現實中的價格競爭、環境保護、離婚問題、軍事衝突等，囚犯困境頻繁出現在現實生活中。

● 囚犯困境

囚犯困境最早由美國普林斯頓大學數學家阿爾伯特·塔克（Albert Tucker）提出。他當時編了一個故事向斯坦福大學的一群心理學家們解釋什麼是博弈論，這個故事後來成為博弈論中最著名的案例。兩個侵入民宅偷竊的兩人（犯人1）和（犯人2），

作案後被警察抓住，警察將兩位犯人隔離審訊，讓（犯人1）和（犯人2）兩人陷入資訊不對等的困境；警方祭出如圖所示「坦白從寬，抗拒從嚴」的報酬結構使兩人陷入理性抉擇與不理性抉擇的內心交戰中（參見第118頁）。

在報酬結構中（犯人1）與（犯人2）有四種抉擇：

抉擇一：犯人1招供，犯人2也招供，兩人各被關3年（-3，-3）。

抉擇二：犯人1招供，犯人2否認，犯人1當庭釋放（0），犯人2被關5年（-5）。

抉擇三：犯人1否認，犯人2招供，犯人1被關5年（-5），犯人2當庭釋放（0）。

抉擇四：犯人1否認，犯人2也否認，兩人被各關1年（-1，-1）。

（犯人1）和（犯人2）因為無法互通信息，不知道彼此的決策，因此該選擇合作（認罪）？還是選擇背叛（脫罪）？兩人都深感困惑！

　　在群體中，個人做出理性選擇卻往往導致集體的非理性。單次發生的囚徒困境和多次重複的囚徒困境結果不會一樣。在重複的囚徒困境中，博弈被反復地進行，因而每位參與者都有機會去「懲罰」另一個參與者前一回合的不合作行為。背叛的動機這時可能因為擔心受到懲罰的威脅而被克服，也因此可能導向一個較好的符合團體最大利益的結果，並使納許均衡趨近於帕雷托最優（Pareto Optimality），資源配置達成最理想的狀態。囚徒困境與賽局理論常被運用來解釋談判者決策行為的理論。由於個人最佳選擇並非團體最佳選擇，雙方因此陷入決策困境。

06 / 賽局理論（Game Theory）：行為經濟學

● 追求雙贏的決策分析

談判不論採用哪一種行為模式，都需要經過一番博奕，在賽局中如何博奕？如何分析？如何抉擇？如何創造雙贏？這是談判最重要的決策分析，也是最需要運用智慧的階段。

● 賽局理論即是博奕論

賽局理論即是博奕論、對策論，是經濟學的一個分支，一門處理衝突的科學，由 20 世紀天才數學家馮紐曼（John Von Neumann ）和經濟學家摩根斯坦（Oskar Morgenstern）為分析經濟問題而提出的數學理論。他們合著《博弈論與經濟行為》，

從遊戲中洞察，創建了影響深遠的賽局理論。賽局理論用來協助決策者選擇競爭或合作，是對一人或對多人決策問題的行為研究模組，這一套分析法包含衝突或合作的兩種關係，引導談判雙方做出理性的抉擇。

競賽中兩人為了贏得賽局，你必須考慮對方的選擇，而對方同時也在考慮你的選擇，賽局理論是用來分析雙方的利害對立關係與如何取得團體均衡利益的決策模式。賽局理論可以幫助對立的雙方俯瞰問題，洞悉本質，推估各種策略組合對自己或團隊能否獲致最大利益。

● 德州撲克玩家的賽局應用

聽聽德州撲克玩家如何計算籌碼？如何鬥智？

玩家說他每一回下注前都會先計算雙方的籌碼，然後再想下一步要如何押注。德州撲克、下棋、打牌、談判博奕有相通之處。了解對手的個性與下注的能力同樣重要，掌握博奕當下心理反應更是重要，專注觀察對方的眼神與表情，觀察手勢比表情更加重要，因為表情可以偽裝，手勢不易偽裝。玩家強調沙盤推演的必要性，從錄影中觀察自己的行為再做改善。實戰

中，統計對方敏感話題的重複出現次數，包含明示與暗示，藉
以窺探對方的心思，得知對方重視的是什麼？抓大放小，設法
小小滿足對方，換取我方大大的利益。

07／　納許均衡（Nash Equilibrium）：
團體的最佳利益

● 納許均衡

納許均衡 (Nash Equilibrium) 亦稱「非合作博弈均衡（Non-cooperative Game Equilibrium）」是博弈論的重要術語。據美國普林斯頓大學數學系教授納許（John Nash）的分析，人性在被隔離限制條件下，通常會產生各謀自身利益的決策，而不會去選擇義大利經濟學者柏雷多以追求兩人共同利益為優先的「柏雷多最佳解決方案（Pareto Optimum）」。在不合作賽局之下，如果某一組策略是納許均衡，任何一位參與者都沒有誘因單獨改變自己的策略，故形成一種均衡。

● 囚犯困境中的優勢策略

在賽局博奕中，彼此背叛是兩人的優勢策略（Dominant Strategy）。優勢策略是不論對方採取何種策略（招供或否認），只要選擇「某一固定策略」對我方都較為有利，此策略即是「優勢策略」，也稱為支配性策略。

● **案例：**

案例中，犯人 1 不論犯人 2 做什麼決策，「選擇招供」就是他的優勢策略。

第一階段：俯瞰問題，分析各種抉擇可能產生的結果。

❖ 從犯人 1 的角度出發思考策略抉擇：

決策 1：若犯人 2 選擇招供，犯人 1 必須選擇招供，因為選擇否認的刑期 5 年大於招供的刑期 3 年，對自己不利，所以最佳利益是被關 3 年。

決策 2：若犯人 2 選擇否認，犯人 1 仍然必須選擇招供，因為選擇否認刑期 1 年大於招供的刑期 0 年。因此對犯人 1 而言，不論犯人 2 做出什麼決策，「選擇招供」對他是較為有利的。

❖從犯人 2 的角度出發思考他的最佳策略：

既然犯人 1 已經選定策略（招供），犯人 2 選擇同樣招供，符合個人最佳利益，也符合團體利益。於是雙方最後都會在「理性思考」之下選擇招供做為自己的策略，最後雙方都被判 3 年刑期。

第二階段：互相探尋對方將會採取哪一種最佳策略

分析出犯人 1 與犯人 2 的最佳策略後，用筆將這兩個個人最佳利益分別畫圈為記。接著繼續分析出團體的最佳利益是什麼？納許均衡是『彼此針對對方的策略，採取最佳策略的組合狀態』。

第三階段：思考雙方各種利得狀態，雙方在得失之間必將做出哪一種理性決策。最終雙方選擇（-3，-3）達成納許均衡解。

		犯人 2	
		招供	否認
犯人 1	招供	-3，-3	0，-5
	否認	-5，0	-1，-1

● 案例：員工的囚犯困境

公司某部門有一名經理，數名員工，經理是一位處事比較苛刻的主管。

A. 所有員工都聽從經理吩咐則獎金待遇都一樣，不過所有人都超負荷工作。

B. 如果某人不聽從吩咐，其他人聽從吩咐，則此人被迫離職，其他人繼續工作。

如果所有人都不聽從經理吩咐，則經理被迫調職。

由於員工之間的訊息不透明，同事之間認知的信息不對等，而且都擔心別人聽話自己不聽話會被迫離職，所以，大家只好承受委屈繼續執行繁重的工作而不敢表達意見。

● 案例：關稅談判的困境

兩個國家，在關稅上可以有以兩種決策：

1. 提高關稅以保護自己的商品。（背叛）

2. 與對方達成關稅協定降低關稅以利各自商品的流通。（合作）

　　當一國因某些因素不遵守關稅協定，而獨自提高關稅（背叛）時，另一國也會作出同樣反應（背叛），這就引發了關稅戰，兩國的商品互相失去對方的市場，對本身經濟都造成損害（彼此背叛的結果）。二國後來兩國選擇重新訂定關稅協議，找到團體的最佳利益，才從囚犯困境走出來，他們發現原來彼此合作，根據兩國工業化程度不同與經濟結構差異，擬定實質雙贏的關稅條例才是兩國之間經貿合作的最大利益。

08 /

智豬博弈
（Boxed Pigs Game）

● **智豬博弈：**

　　經濟學中，「智豬博弈」是一個著名的納許均衡的例子。假設豬圈裡有兩頭豬，一頭大豬，一頭小豬。養豬場的場地很長，一端有一踏板，另一端是飼料的出口和食槽。豬每踩一下踏板，另一端就會有相當於 10 份的豬食進槽，但是踩踏板以後跑到食槽所需要付出的「勞動力」，加起來要消耗相當於 2 份的豬食。大豬與小豬都想吃到飼料，問題是踏板和食槽分置籠子的兩端，如果有一隻豬跑去踩踏板，另一隻豬就有機會搶先吃到另一邊落下的食物。踩踏板的豬付出勞動力跑到食槽的時候，坐享其成的另一頭豬早已吃了不少，這個問題如同囚犯困境困擾著大豬與小豬。

「籠中豬」博弈時將出現以下各種情況：

（情況一）：如果兩隻豬同時出力踩踏板，再同時跑向食槽…

大豬吃進 7 份，耗掉 2 份能量，得益 5 份。

小豬吃進 3 份，耗掉 2 份能量，實得 1 份。

結果是：5>1，小豬只得到 1 份

（情況二）：如果大豬單獨踩踏板後，再隨後跑向食槽…

小豬搶先吃進 4 份，不用花力氣，不耗能量，實得 4 份。

大豬跟上來吃進 6 份，付出 2 份能量，得益 4 份。

結果是：4 ＝ 4，小豬得到 4 份，大豬也得到 4 份

（情況三）：如果大豬等待，小豬踩踏板，再隨後跑向食槽…

大豬先吃，吃進 9 份，不耗能量，得益 9 份。

小豬吃進 1 份，耗掉 2 份能量，實得 -1 份。

結果是：小豬白忙一場，得到 -1 份

（情況四）：如果雙方都懶得動，大豬小豬同時所得都是 0。

小豬的最優解是等待，因為無論大豬選擇踩踏板或等待，小豬選擇等待的實得份數都較多。

大豬的最優解是單獨去踩踏板，因為小豬已經選擇等待，大豬只剩下所得 0 份與 4 份兩種結果。智豬選擇固定的策略（等待），逼大豬選擇 4 份，小豬也同樣分得 4 份。

（+4，+4）稱做 NASH 均衡點（又稱：非合作均衡），雙方在不合作的狀態下分別取得最佳得利。納許均衡在這一個案例中顯示（沒有一方能透過獨自行動，獨自改變決定而得到更好的結果或利益）。

● 案例：集團之間的博奕

某國擁有充沛的海洋觀光資源，S 財團 10 年前投入經營該國遊輪觀光業務，近幾年國際遊輪觀光蔚為風潮，促成該公司業績成長 3 倍，獲利頗豐。一年前擁有政府關係的 W 集團成立旅行社開始參與遊輪業務並採低價競爭策略。S 財團面臨選擇價格戰紅海策略？還是選擇藍海策略與 W 集團聯合經營共享利潤？

S 財團在博奕中決定讓利給新加入經營的 W 財團，理由有三：

第一，形勢比人強，對方的後台支持者相當強硬。

第二，低價競爭必將造成利潤降低，雙方沒有好處。

第三，聯合經營不算資源壟斷，但可以聯合控制價格，對雙方都有利。

決策依據：S財團審時度勢之後，認定形勢比人強，決定採用智豬策略，讓自己在競爭中可以獲得生存，並取得有限條件下的最佳利益。

找出納許均衡點，兩家遊輪公司彼此為對方讓利，聯手經營該國市場，雙方獲得團體的最大獲利。

●「智豬博弈」提供的啟示

在企業競爭中，大企業就好比大豬，中小企業就好比是小豬。控制按鈕可以比做技術的研發與創新，創新可以給企業帶來新的收益。大企業資金雄厚，人才眾多，生產力強大，有更多的能力進行技術研發與創新，推出新產品後即時迅速佔領市場獲得高額利潤。而小企業的最優策略就是選擇等待，等大企業技術創新公開後，在大企業的後面跟進，搶占第二波市場獲得利益。

這是小企業的智豬博弈策略。

09 / 膽小鬼遊戲
（The Game of Chicken）

● 膽小鬼遊戲違背雙贏原則

　　膽小鬼遊戲，這個概念最早出現在詹姆士迪恩的電影《養子不教誰之過》（Rebel without a cause）中。電影主角在學校和流氓發生衝突，他同意通過玩夜間的飛車遊戲來解決分歧。兩人跳進偷來的汽車裡，開車衝向懸崖邊，第一個跳出車來的就是膽小鬼，將會受到眾人的嘲笑。最後主角安全的跳出車來，可是流氓卻因為大衣掛在了車門把手上不能脫手，掉下山崖死了，影片最終以悲劇收尾。

　　膽小鬼博奕又稱「鷹鴿博奕」（Hawk–Dove Game）或「雪堆博弈」（Snowdrift Game），是博奕理論中兩個玩家對抗的模

型，玩家的最佳選擇取決於他的對手會做什麼動作！

狀況 1：如果對手讓步，我方就不應該讓步

狀況 2：如果對手不讓步，我方就應該讓步

另外一個案例是：遊戲中兩名車手在街上面對面急速開車相向而行，如果雙方都拒絕轉彎，任由兩車相撞，最終兩人都會死於車禍；但如果有一方轉彎，而另一方沒有轉彎，那麼轉彎的一方會被恥笑為「膽小鬼」（chicken），而由另一方勝出。

博弈模型稱為「The Game of Chicken 懦夫遊戲」，該術語在政治學和經濟學中普遍被使用。「鷹鴿」（Hawk–Dove）指的是面對同一資源的爭奪中，競爭者可以選擇調和或者對抗的情況，這個術語除了談判學之外，亦常見於生物學和進化博弈理論中。

如何避免在談判博弈中淪為懦夫？

一、保持鎮定，臨危不亂。

二、聽取各方意見，做好形勢分析。

三、及時掌握最新相關資訊，避免信息被屏障。

四、準備幾套預備方案，臨機應變。

五、談判桌上重要的是扮演智者，不是成為懦夫。

10／ 用新觀點創造雙贏

　　茱蒂・寇奇（Judith Coche）是費城的臨床醫師，《紐約時報雜誌》在2007年8月刊登的一篇報導中描述她居中調停爭吵夫妻的能力，分享她化解衝突的技巧：「從夫妻述說的故事中抽絲剝繭，拉出意想不到的共同思路，為這對夫妻提供新觀點。」

　　新觀點（fancy idea）是一種奇異的想法，提出一個刺激性的觀點（different point of view）讓夫妻跳脫習以為常處理問題的態度，一語驚醒夢中人，彼此願意展現真誠面對問題想出新的解決辦法。

　　「激發適量的煩惱是一種藝術」，寇奇說。她也做所謂的「播種」工作：提出建議，但如果對方還不能立即接受，就給

時間讓種子發芽。談判過程鼓勵雙方擺脫慣性思考，改用創新思考，經過一段起伏轉折後，早先被忽視或拒絕的提案，開始被雙方重新考慮而讓衝突獲得解套的機會。

垂直和水平思考法是英國心理學家愛德華·戴勃諾博士（Dr. Edward De Bono）所倡導，此法被稱為「戴勃諾理論」。創造新觀點必須使用水平思考。大家熟悉的「六頂思考帽概念」亦由戴勃諾博士提出。以下兩種敘述法可以分辨垂直思考與水平思考的差異：

⌘垂直思考（Vertical thinking）：
　「這是最好、最正確的方法」

⌘水平思考（Lateral thinking）：
　「想看看有沒有其他的方法，換個角度來思考」

談判要雙贏，衝突要解套，都需要更多創新點子，談判高手的腦筋要靈活。

Chapter 5

快速教你
運用增值談判技巧
(ADDED VALUE)

比較增值談判與雙贏談判的差異

● 增值談判與雙贏談判的差異

比較項目	增值談判（加法談判）	雙贏談判（減法談判）
技巧	• 單純、直接、使用方法	• 複雜、迂迴、使用計謀
心態	• 善意引導	• 攻心為上
立場	• 尊重雙方立場，換位思考	• 堅守己方的立場、弱化對方立場
型態	• 友好、和諧	• 競爭、對立
關係	• 重視雙方關係兼顧彼此利益	• 重視利益大於重視關係
利益	• 為彼此設想、增加雙方利益	• 強調本身利益、減少對方利益
適用對手	• 合作性強者	• 鬥爭性強者
資訊（口風）	• 資訊透明化、符合道德	• 盡量讓對方猜測，守口如瓶

增值談判

● 何謂增值談判（Added Value Negotiation）

　　增值談判學者認為談判是一種複雜的社會互動和心理滿足過程，必須使用比較技巧的方式，為對方設想求得各方利益的均衡。增值談判的思考方式是尊重對方的立場，換位思考了解彼此的需求，積極設法滿足彼此的利益，不是攻擊弱化對方立場，減少給予對方好處，逼迫對方放棄利益。增值談判適用於親子協調，婚姻協調，社會協調，商務協調。

● 增值談判的必備條件

　　增值談判必須具備以下三個條件：

一、爭取好感

擁有好關係，雙方樂意互助。雙方關係交惡，彼此不願意為對方付出。爭取好感，維持良好關係是增值談判的先決條件。

二、集中注意搜尋雙方利益

增值談判把專注力放在搜尋對方的需求上，同時也讓對方了解我方的需求。

三、從選擇雙贏方案著手

深入了解彼此需求後，互相尊重，互相讓步，雙方共同尋找利益整合方案，為衝突取得整體滿意的結果。

● 案例：土地買賣

地主認為土地價值 1 億元，不動產經紀人要求仲介費 4%，即 400 萬元。地主認為抽成太高，希望降為 3%，經紀人認為該土地最多只值 7 千萬元，他要求 4%，事實上佣金只有 280 萬元，並不算太高。雙方因此陷入僵局。如何運用增值談判促成合作？

步驟 1. 找出問題的癥結：雙方對土地價值的認定有落差。

步驟 2. 尋找增值雙贏方案：將經紀費用訂為 3%，滿足地主的要求，但最低仲介費不能低於 280 萬元，滿足經紀人的要求。

在增值談判理論中，「認知差距空間」正是促成雙方合作的機會，不必要求任何一方放棄原先的主觀認知與需求。從以下四種成交組合印證，(提成 3%+ 最低 280 萬) 複合條件足以讓雙方各自滿足：

狀況一：土地以 7 千萬元出售，地主得利 7 千萬元，佣金雖然訂為 3% 但經紀人的實際傭收為 280 萬元。

狀況二：土地以 8 千萬元出售，地主得利 8 千萬元，佣金雖然訂為 3% 但經紀人的實際傭收還是 280 萬元。

狀況三：土地以 9,000 萬元出售，地主得利 9 千萬元，佣金雖然訂為 3% 但經紀人的實際傭收還是 280 萬元。

狀況四：土地以1億元出售，地主得利1億元，佣金訂為3%，
經紀人的實際傭金 300 萬元。

增值談判兼顧雙方利益，按照以上報酬結構進行合作，任
何一方都不致吃虧。

03 / # 小心增值談判的陷阱

● **增值談判的合理化煙幕**

　　營建商與承銷商經常製造增值談判的「合理化煙幕」，其中隱含許多價值落差，例如：

❖ 將「偏遠地段」增值為「遠離鬧市喧囂，享受寧靜生活」

❖ 將「郊區鄉鎮」增值為「回歸自然，享受田園風光」

❖ 將「緊鄰鬧市」增值為「坐擁城市繁榮」

❖ 將「挨著水溝邊」增值為「絕版水岸名邸，上風上水」

❖ 將「挖個水池子」增值為「東方威尼斯，健身溫泉鄉」

❖ 將「地勢高」增值為「視野廣闊，俯瞰全城」

❖ 將「地勢低窪」增值為「私屬領地，冬暖夏涼」

❖ 精緻六公尺高樓中樓大戶，大安區換屋首選。

● 餐廳小菜訂價的合理化煙幕

餐廳訂價 18 元 3 盤小菜，等於是一盤 6 元，老闆提出促銷方案：若加多 2 元就能增加一盤而得到 4 盤小菜，客人都以為佔到便宜，紛紛多點一盤。其實 18 元裡面的 3 個小菜，店家已先進行「成本精算」，後面加 2 元便能得到一盤小菜，使消費者覺得特別划算，其實老闆還是多賺，這是訂價談判的合理化煙幕。

● 大玉米與小玉米

大玉米與小玉米訂價只差 2 元，大玉米的體積是小玉米的 2 倍大，消費者無法理解商人賣大玉米的毛利比賣小玉米的毛利來的高，消費者直覺買大玉米能獲得較多的利益，其實銷售固定成本不變，銷售量越大，平均成本就越低了，客戶直覺購買大玉米比較划算，正是合理化煙幕創造出來的效果。

● 齊夫定律（Zipf's Law）應用之一：最小努力原則

　　訂價合理化煙幕能夠被客戶接受，都是拜「齊夫定律」之賜。人們慣於簡化求證的過程，不會追查細節或真相。齊夫定律又稱最小努力原則（Principle of Least Effort, PLE）；一般人接收資訊時只願意付出最小努力，例如：房屋實價登錄資料是否屬實？成本分析有無灌水？性能比較表是否客觀？顧客滿意度5.0是真的嗎？網路聲量是虛的嗎？政策懶人包有無避重就輕？政策行銷、產品行銷、商務談判皆使用「齊夫定律」說服對方。

04

國際危機談判
一顧全大局

● 以色列退出黎巴嫩

　　國際危機談判成敗影響全球安定與人類福祉，談判者的決策思考必須顧及多數人利益而不能只顧一己之私。2000 年以色列退出黎巴嫩局勢研討的國際會談，因為又有一名以色列士兵在與真主黨游擊隊衝突中被對方擊斃，這是兩個星期以來第七名以色列士兵死亡。黎巴嫩真主黨游擊隊承認對這次炮擊事件負責，他們的一發炮彈準確地擊中了這座被以色列軍隊佔據的安全區內的城堡，造成一名以色列士兵死亡，另一名受傷。炮擊事件發生一個半小時之後 ，以色列戰機再次對黎巴嫩南部的一些目標發動了一系列的空中襲擊。

　　該國際會議是在美國與法國的協調下舉行，目的是讓以色列、敘利亞和黎巴嫩官員坐下來一起協商防止緊張局勢進一步升級。以色列不經談判就空襲，造成既成事實的目的是為了報復真主黨游擊隊對以色列安全區內軍事目標所發動的攻擊。不過，儘管在國際會談期間發生軍事衝突事件，以色列總理巴拉克仍然表示將履行在7月以前從黎巴嫩撤出以色列軍隊的承諾，這是各國領袖處理國際危機談判時，顧全大局的增值談判思維。

● 非洲領袖峰會

　　戰禍及愛滋病是非洲的兩大威脅。2003年非洲各國大約40名領導人連續兩天在莫桑比克舉行非洲聯盟高峰會，他們積極討論如何避免非洲部分地區一再出現嚴重的武力衝突，希望能設立一個和平安全委員會。會議期間，利比亞、剛果民主共和國、蘇丹和索馬里等地還在內戰之中。南非總統姆貝基在這一次非洲聯盟峰會致開幕詞時說，消除戰禍是他們的首要任務，呼籲人類顧全大局避免戰爭，應該努力追求世界和平。

● 羅傑道森：傳奇談判專家的五項要領

擁有全美國際商務談判專家之稱的羅傑道森（Roger Dawson），他最富傳奇色彩的成功談判紀錄是讓伊拉克總統海珊釋放人質。

羅傑道森運用他獨特的柔功理論成為知名的談判專家，他以退為進、以柔克剛、充分掌握情報再出招的談判策略，共有五項要領：

要領一：讓對手先出招（Get the Other Side to Commit First）。冷靜地以靜制動，了解對方的虛實，傾聽對方的想法與目標，再伺機回應，不要出虛拳。

要領二：裝笨，不要裝聰明（Act Dumb, Not Smart）。裝笨，人家才不會防你，讓對手表現，讓他為你提供訊息之後，你再出手制服他。

要領三：不要率先說出內心真實的想法（Think in Real Money Terms but Talk Funny Money）。腦子裡想的都是錢，嘴上繞著彎說「錢不是最重要的」，鬆懈對方的警戒心，避免被對方摸清楚你的真正意圖。

要領四：投入絕對的專注力（Concentrate on the Issues）。專注對方的提議、了解對方的企圖與需求之後，再做出回應，認真的思考每一件事。

要領五：永遠讓對方覺得他贏了（Always Congratulate The Other Side）。告訴對方他從我方手中取得極大的利益，我方卻只獲得極小的利益。

05

國際商務、人身危機、家庭親子談判

● 國際代理權談判

林董數十年前遠赴法國爭取國際大廠 D 公司 T 牌潤滑油在台灣的代理權。D 公司油品行銷世界超過 130 國，集團員工近 10 萬人，林董當年公司規模與 D 公司無法相比，談判代理權時處於不對等地位，但結果卻成功取得 T 牌的代理權。

林董分享國際商務談判的成功因素：

第一、運用 Emotion 關係籌碼創造權勢，讓對方感受到台
　　　灣公司爭取代理權的信心、真誠、用心、決心。

第二、運用 Information 資訊籌碼，讓對方看到該公司的財
　　　力證明、經營績效報表等，增加授權的信心。

第三、運用 Interest 創造誘因，提出開拓台灣市場的策略與
銷售業績保證。

● 海外人身危機談判

1979 年 12 月張總搭乘義大利航空經羅馬赴 Nigeria 推廣業
務，那幾年是台灣外銷汽車輪胎到奈及利亞的鼎盛期。由於飛
機引擎故障在羅馬機場維修長達 6 小時，該航班抵達 Lagos 機
場已近深夜 12 點。前來接機的廠商秘書 Ms. Joan 因接不到人已
先行回家。那個時代因為沒有手機，聯繫非常不方便，張總走
出入境出口看到有人向他微笑招手，一位自稱 Johnson 的司機走
過來好意幫他提領行李，由於張總已經身心俱疲，以為對方是
客戶派來接機的司機，想不到因此誤搭賊車，被司機 Johnson 將
他押往市郊一處黑森林恐嚇取財。

張總強打精神與歹徒展開談判。司機開口要求給他美金 6
千元，張總先研判對手 Johnson 是否窮凶惡煞，觀察這個人講話
不急不徐，行為斯文，性格柔弱，年約 40 歲，對話中知道他有
一個兒子。張總研判生命不會有立即性危險之後，採取懷柔策
略與對方建立友善關係。

張總：我真誠的想跟你合作，不過你知道，外出的人身上不會有那麼多美金。

Johnson：一毛錢都不能少，我需要 6 千元。

張總：我知道你有家庭，需要一筆錢。

Johnson：我有一個 7 歲的兒子，他生病了，我需要 6 千元，你趕快給我。

張總：我們可不可以慢慢談，今天航班延誤使我感覺很疲累，你很善良，先來根菸吧！

Johnson：天亮前，你要給我 6 千元。

張總：不要急！這整條菸就送給你，這一個禮物也送給你兒子，本來是要送給客戶的。

Johnson：這些禮物跟 6 千元無關，不過我還是要謝謝你。你到底有沒有 6 千元？

張總：我很佩服你的經驗老到，到底是經常跑機場看過世面的人，看得出來我身上沒有多少錢。

Johnson：那你有多少錢？全部給我。

張總：我是第一次來你們國家做生意，還沒有賺到錢，身上只有帶美金 500 元，五天的生活費，其他的支出客戶會幫我安排。

Johnson：好了！你把 500 元全部給我。

張總：我最多只能給你 200 元，我必須保留 300 元，這是最好的方式。

張總以他的人格特質魅力，用誠懇的態度與口氣引導 Johnson 談他的家庭與生活困境，同時一邊討價還價至凌晨 5 點，最後還是以美金 200 元達成協議。Johnson 開車送張總至離 Royal Hotel 2 公里外的路上，將他趕下車，結束一場海外人身危機談判。

● 國際油礦探勘的利益衝突

1976 年的國際海洋法會議上，印度等國代表第三世界國家提議，外國探勘油礦公司每開發一個探勘區應該繳納開發初期費 6,000 萬美元，美國率先反對繳納任何初期費，雙方一度形成誰也不鬆口的意志力較量。

　　後來，有會議代表找到麻省理工學院一份專題研討報告「深海採礦的經濟學模式」，這份已逐漸被世界各國公認具有客觀性與可行性的結論為國際探勘油礦談判提供了客觀的計價標準，這個模式顯示：印度等國建議收取巨額初期費做法會破壞國際採礦公司的正常營運；模式也表明某些初期收費在國際商務上是可行的。

　　在理性的公斷面前，印度人和美國人都改變了自己的立場，它既不讓任何一方感到難堪，也不讓任何一方顯得軟弱，從此將雙方導向達成協定的道路。

　　為了更有效地運用客觀標準，有幾個方面應該必須注意：

　　第一、儘量發掘可做為協議基礎的客觀標準。一般說來，這種標準往往不只一種。

　　第二、所引用的客觀標準至少在理論上應能使雙方都感到合適，而且要獨立於雙方的意志力之外，否則也會使人感到不公平。

　　第三、要求雙方都共同努力來尋求客觀標準。

　　第四、始終保持冷靜、對等的理性態度處理爭端。

● 角色互換法

爸爸採用「角色互換法」與 13 歲兒子親子對話，爸爸先扮演兒子角色，爸爸發現兒子的想法是：「父親單向決定不准玩桌遊的規定有些不合理」。因為爸爸忽略同學之間下課聊天的話題離不開桌遊話題，爸爸不准他玩，兒子與同學之間將因缺乏共同話題而被疏遠。換成兒子扮演父親的角色，兒子發現父親最關心的是孩子的學業，擔心迷戀桌遊將導致成績退步。父子兩人通過角色互換法了解彼此的立場、想法與需求後，父子同意兒子可以玩桌遊，但必須有時間限制，不能影響學業成績，只要成績退步即暫停遊玩。

● 為客戶提供增值服務

K 集團美聯網為互聯網使用者提供 SNS 服務，屬於社交網站。到 2018 年止使用者超過 2 億人，其業務包括社交平台、遊戲、金融、團購等，員工人數超過 1 萬人。K 集團規劃「雛鷹計畫」為進入公司 3 個月的新人提供系統化的培訓。負責對外採購課程的邢總希望以拓展方式進行本次培訓，時間為期兩天，參加培訓的人員大約在 800 人至 1000 人，要求公司老總與高層

主管全部參加。該公司邀請 10 家行業內較具知名度的拓展訓練機構統一參與競標，甲方預算為 150 至 300 萬元，投標商 R 公司蔡總深入了解客戶需求，匯總出以下 6 個關注點：第 1 順位是人身安全，第 2 順位是培訓效果，第 3 順位是符合預算，第 4 順位是高級主管認可，第 5 順位是內部認可，第 6 順位是方案的可行性。

　　第一階段有三家培訓公司通過審核。第二階段 K 集團以秘密會議方式與合格的 3 家培訓公司進行單獨諮詢，結果 R 公司以規模雖然不大，但安全性與滿意度贏得最高分而得標。R 公司成功得標的原因有：R 公司蔡總事前做足了顧客公關，取得承辦人員與高層的信任，其次，充分蒐集客戶的潛在需求，提出量身定做的培訓課程，最終，提供課後加值服務，承諾由培訓顧問群為 K 集團提供一份培訓績效總結報告書及改善組織管理績效的建議書。

三大籌碼（TIP）
影響談判形勢發展

Chapter 6

不懂「形勢理」
不會製造籌碼，
請你準備棄子投降

01 / 談判籌碼無所不在

● **何謂談判籌碼（Bargaining chip）**

「籌碼」指賭場用來計數的器具或是賭客擁有的賭資。

「談判籌碼」則是指買賣出現衝突時用於討價還價的資源。談判籌碼可分為環境籌碼、物理性籌碼、心理性籌碼。環境籌碼指談判當下你與對手所處的形勢地位。物理性籌碼包含時間、資訊、權勢等三項因素。心理性籌碼包含誘因、反誘因、關係等三項因素。談判需要不斷創造籌碼以維持優勢，不會製造籌碼，請你準備棄子投降！

● 談判籌碼的分類

第一類是環境籌碼，所有的形、勢、理都屬於談判的環境籌碼。

談判前必須先評估環境籌碼對何方有利。形勢比人強，形勢比理強。以商務談判為例：品牌優勢、網路聲量優勢、大廠優勢、成本優勢、獨家代理優勢、市佔率優勢、專利優勢等，與擁有優勢籌碼的企業談判，你先矮他一截。以「談判者」為例：社會名望優勢、身強體壯優勢、經驗豐富優勢、專業證照優勢、高學歷優勢、同鄉優勢、同校優勢等，與擁有個人優勢者談判，你又矮他一截。

談判的前期、中期、後期，每一階段都要善用「審時度勢」以獲得環境籌碼的優勢。

第二類是物理性籌碼，包含時間優勢（Time）、資訊優勢（Information）、權勢優勢（Power），統稱「TIP 籌碼」。

第三類是心理性籌碼，包含誘因（Interest）、反誘因（Concern）、關係優勢（Emotion），統稱「ICE 籌碼」。

● 時不利兮奈若何

　　項羽因為形勢不利於他而自刎烏江。項羽是軍事思想「勇戰派」代表人物,與「謀戰派」孫武、韓信等人齊名,鉅鹿之戰摧毀章邯的秦軍主力,秦亡後稱西楚霸王,實行分封制,封滅秦功臣及六國貴族 王,後與劉邦爭奪天下,進行了四年的楚漢戰爭;公元前 202 年兵敗垓下,漢軍營造四面楚歌,項羽感嘆:力拔山兮氣蓋世,時不利兮騅不逝,騅不逝兮可奈何!虞兮虞兮奈若何!

02 / 善用「形」創造籌碼

● 上兵伐謀

孫子兵法：上兵伐謀、其次伐交、其次伐兵、其下攻城。「謀」是策劃、巧計、詭道的統稱。伐謀是為了創造有利的形勢，希望能「以最少代價贏得戰爭」。

❖ 網路經濟時代，網紅製造聲量帶動業配創高獲利

❖ 進口商囤貨製造缺貨假象，藉以提高售價

❖ 股東會聯合小股東對抗大股東

❖ 規劃自家主場做為談判場地

❖ 狙擊手利用制高點掌握歹徒的行蹤

❖ 提問：「杜鵑不啼，欲聞其啼，如之耐何？」

織田信長曰：「杜鵑不啼，則殺之。」

豐臣秀吉曰：「杜鵑不啼，則逗之啼。」

德川家康曰：「杜鵑不啼，則待之啼。」

日本戰國時代的梟雄性格各有不同，處理危機的模式也隨之不同。談判高手應該採取哪一種策略才能提高談判效益？答案是「視對手而定」，「視形勢而定」。織田信長向對手施加壓力，豐臣秀吉誘導對手合作，德川家康等形勢有利才展開行動，三位之中哪一位最擅長塑形造勢？答案是：得天下的德川家康。

● 互利共贏，談判致勝

G 集團運用善意併購不斷擴大事業集團，P 董事長率領 20 多家上游廠商組成投資艦隊到 V 國設廠。P 董為 H 省長分析該項投資可為該國帶來多少 GDP 成長，創造多少外匯，取得互利共贏的共識中，省長從土地取得、道路開發、建設供電系統、設計管理法規、方便人力供應、提供優惠稅賦等都一路支持。該集團最終以每平方公尺美金 55 元超低價取得 36 公頃建廠土地，上游供應商亦同時以特別優惠價格取得 40 公頃建地。

03 / 善用「勢」創造籌碼

● 借勢：草船借箭、空城計

「形」要藉著「勢」的帶動才能產生能量與作用，峽谷是形，利用峽谷居高臨下掌控隘口是勢。無形即無勢，因為勢附於形。有形無勢，形不能產生作用。山不在高，有仙則靈，山是形，有仙是勢。產品是形，廣告是勢。

諸葛亮草船借箭，藉江東地形、草船、茫霧、夜間等是形；蜀軍發動密集射箭是勢，魏軍以為敵軍來襲，紛紛射箭還擊，天亮後，蜀軍輕易贏得曹軍奉送的 10 萬支箭。

諸葛孔明打開城門引君入甕是形，人在城牆上故作悠哉彈琴是勢，諸葛亮塑形造勢，「計」高一籌，智退生性多疑的司馬懿。

● 甘地總理：用急智造勢 1

當年甘地在倫敦大學讀法律系時，一位名叫彼得的教授，不知為何，就是極端討厭甘地。有一天，彼得教授在飯堂吃午餐，甘地拿著他的餐盤坐在教授的隔鄰。

教授說：「甘地先生，你不了解一頭豬和一隻鳥是不會坐在一起吃東西的」。甘地平靜地答覆：「請教授不用擔心，我馬上飛離開。」他讓留著的教授成為豬。彼得教授憤怒的臉馬上轉紅，決定採取行動報仇。

第二天，他在班上發問：「甘地先生，如果你沿著街道步行時發現了一個包裹，裡面有一袋智慧和另一袋金錢，你會撿起哪一袋？」甘地毫不猶豫地回答：「當然拿有金錢的那一袋！」

彼得教授語帶譏諷地說：「如果我是你的話，會拿那有智慧的一袋！」甘地聳聳肩回應說：「每一個人都應該拿他沒有的東西！」這下子！教授變成缺乏智慧的人。

彼得教授完全沒有還擊之力，在盛怒之下，他在甘地的試卷上寫著「白癡」，然後把試卷交回甘地。甘地拿到試卷後，禮貌地請求：「彼得教授，你在我的試卷上簽了名，但是你沒

有給我評分！」甘地先生態度上不卑不亢加上機智反應使他在交鋒過程轉劣勢為優勢！

● 隔牆有耳：用急智造勢 2

一則「隔牆有耳」故事，不論它的真實性如何，仍然值得做為急智造勢教材。一位年輕人 James 立志成為一名牧師。在美國要做牧師必須通過牧師考試，其中有一項就是公開演講。James 提前半個月來到考試城市，租了一間旅館的房間，認真準備他的演講稿。

演講稿寫好之後，他每天都在房間裡大聲朗讀，一直到倒背如流為止。到了考試的這一天，他胸有成竹地來到考場，抽完籤之後，先到台下聆聽安排在他前面的考生演講。還有一個人次就輪到他了，這時他臉色發青，驚訝地發現：台上的考生的演講內容與他一模一樣！他仔細了解，發現這位考生就住在他住宿旅館的隔壁房間。原來他也是來參加考試的，並且，毫無疑問的，這個考生偷聽他在房間裡的朗讀，偷取了他的整篇演講稿。

下一個就輪到他了，他壓抑滿腔的憤怒和驚慌，拚命的尋找對策。要告訴評審實情嗎？評審會相信他嗎？馬上衝到講台

上制止他，讓評審知道我才是原創者，這樣有用嗎？不如趕快再想另外一個演講內容，但這麼短的時間可能嗎？啊！乾脆放棄這一次考試好了，明年再重來……一時之間，千頭萬緒都跑了上來，到底該怎麼辦呢？天啊！眼看馬上就要輪到他了。

突然，他靈機一動……很快的，輪到他上台演講了，James站到台上，「計」高一籌，不慌不忙地說：「…………」，結果他的演說贏得了熱烈的掌聲，最後順利通過演講考試。

他是怎麼做到的？他恢復沉著，站到台上不慌不忙地說：

「要成為一個牧師，需要有耐心、能夠傾聽群眾，而且要有很好的記憶力。不是我誇張，我的記憶力是有口皆碑的，現在我就示範一下，嗯，我重複前一位的演講內容給大家聽好了。」說完，他開始背誦那篇他精心準備的演講稿，比前一位考生講的更流利，更精彩，更撼動人心，最後場上響起熱烈掌聲，考官們對他非常認同，他終於順利通過考試。 如同甘地總理，James 發揮急智扭轉劣勢成為優勢。

● 用數字造勢

甲方李協理為 ALOHA 連鎖旅館業者，OTA 業務的負責人。

乙方張總經理為 OTA，Online Travel Agency 的代理商，負責 AGOGO.com 亞太地區的業務。甲方擁有旅館 80 間房間，每年平均住宿率大約 50%，寒暑假可以提升至 80%，平常月份大約 35-40%，平均房價為 NT$3,100 元左右，一年住房數約 460 間。

乙方向甲方提案，依照以往協議，他們抽取的網路平台佣金是 15%，若乙方提出特別促銷方案「保證年銷售房間 800 間」，希望網路平台佣金提高到 25%，同時房價希望能比現在價格下降，最高打至 8 折。達成這 800 間銷售目標之後，佣金同意再回復至 15%。

談判初期，甲方想守住平均房價 3,100 元，又想提高一年住宿率 800 間。乙方想增加平台佣金，自 15% 提高至 25%。天下沒有白吃的午餐，乙方如何應用形勢策略在談判中說服甲方？

乙方告訴甲方此案經過大數據分析證明它的可行性極高，甲方對自己的旅館條件應該要有信心，張總經理展示數據證明 ALOHA 連鎖旅館的房型與地理方便性符合 Inbound 旅客與 Outbound 旅客的需求，只要 AGOGO.com 平台發揮 SEO 網路搜尋引擎綜效，加上房價優惠與獎金激勵，保證年銷售房間 800 間目標可以如期完成，張總經理激勵李協理：「敢挑戰才有機

會攀登頂峰，在山下沒行動便寸步難行，行者常至，為者常成，量大就是美，薄利多銷，我們立即簽約吧！」

● 用法律造勢

32 年前因工作關係古老先生舉家遷離老家北上就業，由於工作地點離老家太遠，長達 32 年古老先生未曾回到故居探視，有一天，他回到故居才發現當年與鄰居田老先生合資共購的土地被田家搭建違建長期出租收益。古老先生友善通知老鄰居拆屋還地，對方不予理會，希望以低於市價 50％購買古老先生的持份，由於田家長期霸佔不還，古老先生只好委託律師向地方法院提起民事訴訟，藉助法律優勢，田家乖乖拆屋還地。

● 用民意造勢

美國參議員在議會質詢現場使用白板訴說民眾醫療負擔有多重，一方面訴之以情，一方面訴之以理，最終運用形勢壓力迫使疾病控制中心官員同意為全國人民提供免費健康檢測。

以下是 2020.3.12 眾議院監督委員會聽證會中，疾控中心卡德萊克博士面對加州民主黨眾議員凱蒂・波特（Ms. Porter）的

質詢對話。

波特質詢：卡德萊克博士（Dr. Kadlec）您知道對於那些沒保險的人做一套檢測要多少錢嗎？❶

卡德萊克博士答詢：暫時不知道。

波特眾議員使用白板當場書寫檢驗費用的數字讓對方了解。❷

波特質詢：有個大概嗎？❸

波特確認：自掏腰包就是自費檢測的費用。

卡德萊克博士答詢：不知道。

波特確認：全血細胞計數（CBC）檢測約 36 美元。

波特質詢：全套代謝功能檢測自費需要多少錢？

卡德萊克博士答詢：這我也不知道！

波特質詢：那有個大概嗎？

卡德萊克博士答詢：那就 75 美元吧！

波特確認：58 美元。

波特質詢：A 型流感檢測呢？

卡德萊克博士答詢：我猜大概 50 美元。

波特確認：43 美元。

波特質詢：B 型流感檢測呢？

卡德萊克博士答詢：大概 44 美元，我又講高了。

波特確認：43 美元。好極了！

波特質詢：那高危險病人急診呢？

卡德萊克博士答詢：抱歉。女士，妳的問題是什麼？

波特質詢：高危險病人急診需要花費多少錢？

卡德萊克博士答詢：高危險病人大概要花 3000 至 5000 美元吧！

波特確認：1151 美元。

波特確認：加起來一共 1331 美元。在我們這個社會，40%的美國人付不起 400 美元的額外花費，在我們這個社會 33% 的美國人去年推遲了治療，而我們卻要讓他們，卡德萊克博士，為了檢測新冠病毒至少花 1331 美元。❹

波特質詢：雷德菲爾德博士（Dr. Redfield），你想知道哪些人感染新冠病毒了嗎？

波特接著質問有決策權的主管「疾控中心主任羅伯特·雷

德菲爾德」（主任想了想）

波特質詢：會感染病毒的不僅僅是富人，每個人都可能，是吧？❺

雷德菲爾德答詢：所有美國人。

波特質詢：你能夠使用現有職權承諾不管有無保險，所有美國人都能夠免費檢測嗎？

雷德菲爾德答詢：我能確保的是全力以赴讓每個人得到應得的照顧。

波特質詢：不！這樣子還不夠。雷德菲爾德博士你可以行使這一項職權。❻ 你能不能現在承諾❼，將行使法律賦予你的權力，在公共衛生緊急狀態下免費提供測試、治療、檢驗、隔離，可以還是不可以？❽

雷德菲爾德答詢：我會跟疾控中心有關部門評估細節的……。❾

波特質詢：不！你浪費我的質詢時間了！❿ 一周前我們就給你寫過信，我們昨天要求你回應，截止日期已經過了⓫，你會承諾行使 42CFR71.30 條款賦予你的職權，為所有美國人提供免費

新冠病毒檢測嗎？**⓬**

雷德菲爾德答詢：疾控中心正和衛生部商量如何操作。

波特質詢：雷德菲爾德博士，我希望你能夠慎重權衡，因為這是關係到我及事關每個美國家庭。**⓭**

雷德菲爾德答詢：我們的任務是在大流行疾病期間確保每個美國人得到應得的照顧和治療，我們正和衛生部協調作業，看怎麼才可以操作的最好。

波特質詢：你不需要再做任何準備工作了，你需要的是給美國民眾一個承諾讓他們可以檢測，你可以明天再考慮操作層面問題。**⓮**

雷德菲爾德答詢：你是一個非常棒的諮詢者，我的答案是「可以免費」。

波特結論：太棒了！每一個美國人都聽到了！你們可以去做新冠病毒檢測，不論有沒有保險。**⓯**

波特參議員非常技巧地運用「形、勢、埋」籌碼在議會殿堂談判成功為民眾爭取最佳福利，我們來解析她的口才與談判技巧：

❶ 運用開放型問句製造投石問路、引蛇出洞的談判效果。

❷ 使用白板問政吸引目光注視，增加對方心理壓力，達成吸睛的造勢效果。將數字列出，強化資訊籌碼的説服力。

❸ 挖坑讓對方跳，引出想法與答案，有利於後續的窮追猛打。

❹ 提出連珠炮般的資訊籌碼，製造質詢聲勢，讓對方無法及時答覆而落居劣勢。

❺ 使用肯定反問法質問對方，框限對方回答的內容，同時使用犀利目光逼視對方，製造對方出現心理壓力。

❻ 引導對方思考她要他思考的問題。

❼ 使用定錨法，先開口要求對方承諾再提出時間限期，逼迫對方即時決定。

❽ 封閉式問句如同口袋戰術，外加選擇法，創造主導者優勢，強化質問優勢。

❾ 延長時間戰術，運用鋸箭法，將問題丟給第三方。

❿ 情緒戰術，表達極端不悅加大對方心理壓力。

⓫ 運用資訊籌碼使對方無法閃躲、運用時間籌碼提出最後通牒。

⓬ 堅持是權勢籌碼,再一次追蹤締結,逼迫對方做出承諾。

⓭ 提醒對方該負起什麼責任,製造究責壓力,同時將口氣轉為沉重、語速變慢、表情嚴肅,充分發揮談判表演學技巧。

⓮ 步步進逼,義正嚴詞展現眾議員的權勢籌碼。

⓯ 締結成功,運用電視機前美國上億民眾正在觀看的民意壓力,將權勢籌碼極大化,疫管局官員終於服輸。

● 用情緒造勢

　　K 銀行委託 Z 公司承辦全行組織文化再造顧問案,包含行銷、服務、管理三個層面。K 銀行在議價過程一直提醒 Z 公司必須重視董事長的面子,因為該案由董事長推薦 Z 公司來承辦。Z 公司議價時來來回回寫了 5 次報價,採購使用各種藉口一再要求調低報價,第六次說這是最後一次了,再降一點點,Z 公司配合辦理,想不到送出第六回報價後,採購竟然說:「接近底價了!再降一次。」

　　Z 公司主管起立向採購說:「對不起!你剛才說是最後一次報價,現在又要求再降一點,我們沒有能力承辦貴行這一次的

輔導案，請代向董事長致歉，我們退席了」。K 銀行採購露出笑容說：「請坐！請坐！沒有那麼嚴重，既然不能再降，就以最後的報價成交！。」

● 用關係造勢

P 集團出租辦公室影印設備給 H 集團，合約到期前一個月，H 集團資材部李經理通知 P 集團專案市場部薛經理準備結束租機合約，因為同行競爭者 R 公司提供新機種與優惠價格要來搶單，薛經理詳細分析利弊，好言相勸，始終無法阻止李課長想更換供應商的意圖。薛經理請該公司總經理向集團總裁報告退機危機，請總裁的機要秘書打電話跟 H 集團總裁的機要秘書協調此事，最後 H 集團換機的構想不了了之，薛經理用關係籌碼化險為夷。

● 戰略性造勢

籌碼一直是變動的，談判優勢也是變動的。唯有依靠靈活戰略造勢保持談判形勢的領先。以下談判法則都屬於戰略性造勢。

❖ 寧為玉碎不為瓦全：破釜沉舟之計

❖ 鬥而不破：製造有限衝突，爭取談判空間，測知對方的
　　　　　　底線，取得主導權。

❖ 邊打邊談：談談打打，既合作又競爭，操控局勢。

❖ 戰略耐心：選擇戰略性忍耐，借隱忍之功取得有限資源
　　　　　　的極大化利益。

❖ 先圈後售：不要起初就打草驚蛇，先提供甜頭引君入甕，
　　　　　　形勢大好後再贏取大利。

❖ 后翼棄兵：先放棄某些特定利益引導對方追逐，再佈置
　　　　　　重兵贏取自己更大利益。

❖ 指鹿為馬：使用強勢態度壓迫對方接受你的說法而取得
　　　　　　優勢。

❖ 跳島戰略：避開對方堅固的防禦工地，打擊對方最弱之
　　　　　　處，逐步瓦解對方的優勢。

❖ 城下之盟：造勢圍堵對方，逼迫對方不得不釋出利益。

❖ 以退為進：先讓對方一小步，將此小步當成恩情，要求
　　　　　　對方讓一大步。

04 / 善用「理」創造籌碼

● 有理走遍天下

談判立場建立在「理」字上，有理才能有立場，有立場才能衍生出許多籌碼。理愈是強大，立場愈是牢固，籌碼就愈多。談判學的「理」包含；合理性、合法性、有根據、符合規定、符合標準、符合品質、遵守合約、符合邏輯性、提出證明、有道理、根據統計分析、依據實驗結果、根據過去的慣例等，都可稱為「理」的籌碼。此外，歪理也是理，無理取鬧也是理，談判桌上「有理」或「無理」都可以走遍天下，有理者以理服人，無理者橫行霸道，有理者有權勢，無理者也有權勢。

❖媽媽要 6 歲姐姐讓步的理是：弟弟比妳小 3 歲，所以妳應該讓步。

❖ 賣方不肯降價的理是：無法降價，因為我們的品質比較好，成本比較高。

❖ 對方想分手的理是：分手其實是為妳好，因為我不想擔誤妳的一生。

❖ 拒絕下單的理是：你們的交貨期無法趕上我們生產線的排程。

● **公婆都說自己有理，到底誰有理**

談判是為了解決兩造之間存在的歧異見解或衝突，出現歧異見解或衝突時，各自捍衛各自立場，說自己才是對的，這是人性的正常現象。當公說公有理，婆說婆有理的時候，尋找客觀公正的第三方，或以客觀標準做為仲裁依據即可避免公婆各說各話。如何解決「理」的問題？

化解「公說公有理，婆說婆有理」的方法是：請公婆互換角色重新思考對方的道理與與自己的道理，然後調整原來的「理」。

情景一：阿公想吃鹹，阿婆認為吃鹹傷腎，血壓會高，對

健康不利，不准他吃。阿公認為食物不鹹沒有味
道，不如不吃。

情景二：角色互換，阿公理解阿婆的立場是為了他的健康，
　　　　希望兩人能白首偕老。阿婆理解阿公的味覺退化，
　　　　鹹度標準與阿婆的不一樣。

情景三：兩人決定放下爭執，不再據理力爭，改成異中求同，
　　　　阿婆做菜時同意加重鹹度，但不能完全依照阿公
　　　　的標準，將阿公的鹹度標準打七折。

從此，阿公阿婆不再各自堅持自己的理。

● 斯格托瑪現象：認知的盲點

斯格托瑪現象（Scotoma），解釋為盲點，學術的名詞，指
人的認知存在偏差現象。同一張人像，有人說看到的是少女，
有人說看到的是老太婆，各自認知各自解讀的現象稱為「斯格
托瑪現象」。

「斯格托瑪」在希臘文中是「黑暗、失去了部分視野、盲
點」。在生活或工作各方面，我們對於事物的判斷往往受到自

己既有理念的影響，這是普遍而正常的現象。每一個人都根據「自己所相信的真理」在行事，不一定是根據「真正的真理」在行事，於是形成「斯格托瑪現象」。

人們最後趨向「關注」在已經習慣的思維與方法上，「排斥」其他可能的選擇。表現在生活中，我們很自然會掉入自我設限、「想當然爾」的框框裡而不自知，最終陷入先入為主的主觀中，總認為自己的想法、認知或信仰才是對的。談判雙方唯有擺脫斯格托瑪障礙才能避免各說各話無法對焦。

● 裹著糖衣的歪理

買方：這一批貨為什麼延遲交貨？

賣方：慢工出細活，為了幫貴公司控制品質，品管課反覆
　　　檢驗，因此延遲了。

買方：以後簽合約時，規定何時交貨，請把品管作業時間
　　　算進去，延遲一天罰款千分之一。

直白地拆穿西洋鏡，是應付裹著糖衣講歪理對手的唯一法門。

● IF 定律：IF Law 的推理說服技巧

IF 定律是高明的說理技巧。公式中包含兩個 IF。第一個 IF 是英文單字 IF（假設）。第二個 IF 是英文片語 In Fact（事實）。IF 定律是「將假設變成事實」的推理技巧：IF x E x L x P = In Fact。

IF 代表：假設的事實或虛擬的目標

E 代表：Evidence 表面證據

L 代表：Logic 合理的推論

P 代表：Expression 巧妙的表達（包含：語言及肢體表情）

In Fact 代表：聽者認知的事實（呈現的結果）

❖ 案例：

IF：假如今天繳交斡旋金 10 萬元，我將優先幫你保留這一間你們喜歡的房子。

E：福地福人居，跟我買房子的客戶後來事業都做的很旺。

L：喜歡，只要繳交斡旋金，馬上可以取得優先權，三天內，覺得不喜歡還可以退款。

P：我感覺這間房子註定屬於你們，來看第三次了！證明你
們與這間房子的緣分特別深！

In Fact：繳交斡旋金，你們就成為心愛房子的主人。

HP 最高端銷售：形、勢、理

惠普商業培訓教案指出最高端的銷售戰略思維是「聚焦於
結果即能贏」。客戶上層組織中，各種權利主體為了維護自身
利益會出現特定行為，這些特定人事網絡關係決定採構的方針。
進行高端銷售時，正確認知客戶組織人事的形勢理與需求便能
掌控訂單。

資源不代表實力

強者也有軟肋，換言之，劣勢方積極找出優勢方疏忽的盲
點（blind side），弱者也能反敗為勝。例如：美軍打越戰，先進
武器與精銳兵力無法在叢林戰中取得優勢，有時候資源不代表
實力。

Chapter **7**

時間籌碼（TIME）—製造心理壓力的 TTPD 時間工具

01 /

何謂時間籌碼

● **時間籌碼（TIME）**

任何資源只要能做為舉起地球的槓桿支點，都可以稱為籌碼。時間籌碼分為四類，簡稱 TTPD 時間籌碼：

一、Time 時間點：下午3點，中午，旺季，下雨天，紀念日，Q2，某一日，股東大會開會日、交貨日。

二、Timing 時機：午休時機，新產品剛上市時機，缺貨時機，量產時機，特殊節慶時機，停工待料時機。

三、Period 期間：促銷期間、合約期間、限定消費期間、PLC 成長期。

四、Dead line 死限：最後通牒（亦稱：哀的美敦書）、限
　　　　定必須完成的時間。

● 自然的時間籌碼、人為的時間籌碼

籌碼的作用是製造對方產生心理壓力使對方就範。操作籌
碼的關鍵技巧在於「針對性」，針對不同的對象必須選用不同
的籌碼。時間籌碼分「自然的」時間籌碼與「人為的」時間籌
碼是，例如：五窮六絕的時機，春夏秋冬的季節性，旺季囤積物
資缺貨時藉機提高售價。自然的時間籌碼屬於談判形勢的部份，
人為的時間籌碼是談判者精心規劃出來的籌碼。

巧妙運用時間特性

● 時間籌碼影響談判效益

時間籌碼一面做為胡蘿蔔籌碼，另一面做為大棒子懲罰籌碼。

❖ 今天下班前決定訂單，本公司公告的優惠方案仍然有效，超過時間就只能按照標準價格了。

❖ 選擇夜間審問，利用嫌犯精神不濟狀態時取得口供。

❖ 宣佈新建案預售屋開盤一個星期內簽約贈送家具。

❖ 高利貸集團利用貸款人需要一筆錢的救急時機從中取利。

❖ 哀的美敦書（ultimatum）亦稱最後通牒，拉丁語的意思是「最後一個」，指一個團體向另一個團體提出的最後條件與最後期限，最後通牒是談判時間籌碼中最強烈的

一種警示，明確表態如果 A 方提出的條件不被 B 方接受，最後時間底線一過，將立即採取行動嚴懲對方。

❖雨傘店晴天打折，雨天不打折，關鍵時機決定價格。快過季的進口食品，售價優惠八折，價格由時間籌碼決定。

❖公然侮辱提告必須在行為發生 6 個月之內提告，逾時法院不予受理。

❖預備降價 20 萬元給客戶，不同的金額分配與時間規劃影響對方的心理甚鉅。

	第一次降價	第二次降價	第三次降價	第四次降價
❶	0	0	0	20
❷	20	0	0	0
❸	5	5	5	5
❹	1	3	6	10
❺	10	6	3	1

❖解析：

❶時間拖到最後才答應降價 20 萬元，讓客戶產生得之不易心理，除了將更珍惜你的優惠，也杜絕客戶得寸進尺的

野心，但必須承擔可能失去訂單的風險。

❷ 第一時間降價。因為過於容易，將誘導客戶繼續砍價，當不再降價時，客戶會流露失望，前面的降價降的不值得。

❸ 每一次要求都降價，客戶以為繼續施壓就能再降一些，容易讓客戶產生不當的期待。

❹ 從 1 萬到 10 萬，越降越多，客戶對下次議價產生更高的期待，壓力反而移轉到賣方身上。

❺ 從 10 萬降到 1 萬，越降越少，有效遏止對方的不當期待。

● 破解對方給你的時間壓力

　　談判前先分析時間優勢歸屬哪一方？若對對方不利，對方還使用時間籌碼給你壓力，不妨將計就計，然後施出拖延之計，使時間壓力回到對方的身上。若時間優勢掌握在對方手中，你必須認賠殺出及時完成協商，防止損失擴大。若對方約束你必須在某一個時間點前完成他要求的條件，你不妨提出附帶條件牽制他，讓對方無法單方面要求你如期完成，讓對方顧慮限時目標的同時，他必須付出相對代價給你而放寬時間條件。

● 時間有成本

時間是有成本的，早做決定可以取得較大利益時，不要玩弄談判手段，宜採取速戰速決策略讓利益早日落袋為安。若愈晚決定對我方愈為有利時，就讓時間延後創造更高的價值。

Chapter 8

資訊籌碼
(INFORMATION) —
談判一翻兩瞪眼的利器

01 / 何謂資訊籌碼

　　資訊籌碼亦稱情報籌碼，資訊是力量，因為數據與證據逼迫對方難以狡辯，法官取得呈堂證供使歹徒一翻兩瞪眼，不得不認罪。資訊是震懾力十足的談判籌碼。它包羅萬象，例如：學術理論、統計數字，照片、先例、成文法、不成文法、錄影帶、合約條文、承諾書、檢驗報告、會議紀錄、假消息、滿意度分析、Google Trend 趨勢資訊、反向連結 Backlinks 統計資訊、網路聲量統計、知名度、市佔率、美譽度、生產量、市場地位、對手的軟肋等，勤於蒐集資訊如同累積更多籌碼。

● 資訊創造說服權勢

　　古代兩軍對戰先蒐集地形、天候、水文與敵軍將領背景、

兵馬數量、士氣高低、糧草備足幾個月，實戰經驗如何，援軍何時抵達等，唯有情報完整才能知己知彼百戰百勝。

談判資訊戰包括：蒐集對方的立場、真正需求、優勢籌碼、軟肋、談判目標、談判風格、心理素質、過去的交手紀錄、時間對誰有利、要談哪些議題、雙方關係等。資訊越豐富，談判可增強的權勢越大。

02／ 發揮資訊籌碼的威力

● 資訊籌碼擁有強大威力

資訊籌碼與時間籌碼有什麼不一樣,時間籌碼用來製造對方的緊張感,資訊籌碼用來彰顯己方的權威感,誰擁有權威(power),誰就有話語權,誰擁有話語權,誰就有影響力。

以不動產為案例印證資訊籌碼對提高銷售說服力的威力有多大!

一、使用資訊籌碼強化加盟店的氣勢:

將不動產經紀人捧為加盟店的 Top Sales,在店中展示冠軍業務員的得獎照片、冠軍獎盃與披肩彩帶,製造加盟店成交率高、氣勢旺的優勢。

二、展示許多成交案件讓來客增加信心。

三、對委託代售客戶的相關背景資訊充分了解，包含人、事、地、物、時、出售動機，內部裝潢等資訊全盤瞭解，增強專業度與權威感。

四、蒐集購屋者的需求，預算，目的，期望值等。

五、瞭解買方參觀後的正面與負面想法。

六、幫助託售客戶美化屋內裝潢提高質感。

● 蒐集資訊的方向

資訊不完整或不正確無法成為籌碼，資訊必須符合以下條件：

一、完整性：資訊完整無懈可擊，資訊不完整漏洞百出無法說服人。

二、正確性：符合 KPI 指標、SMART 精細原則，掌握定量、定性、時間性、流程等精準因素。

三、深度化：深入分析，廣泛探索，掌握問題的本質，問題的前因後果，未來可能產生的影響性。

四、新資訊：不斷蒐集新資訊，一方面可以增加籌碼，一

方面避免被對方蒙蔽。

五、不易獲得的資訊：通過不同渠道取得秘密情報或不易獲得的資訊。

六、製造假資訊：在不違反道德下，利用假情報施以反擊。

七、反情報：針對對方的資訊提出更精確的資訊壓制對方，反守為攻。

● 摔傷了，算不算工傷呢？

女同事的父親騎車摔傷了，他是否可以取得傷害補償？以下對話印證資訊籌碼的重要性。

「你父親是在上班的途中受傷，所以應該算是工傷。」

「可是他是自己騎摩托車摔的。」

「那也算工傷。」

「但他們說自己摔的不算。」

「你可以查一下《工傷保險條例》，職工在上下班途中遇到的機動車事故傷害，應該認定為工傷，還有最高法院司法解釋，在合理時間內往返工作地、住所地、經常居住地、職工宿舍的合理路線的上下班途中遇到的交通事故，應該都算是工傷。」

● 騎樓禁止停車的法規

大廈保全管理員取締騎樓停放的機車，機車騎士提出抗議，管理員告知對方依據《道路交通管理處罰條例》第三條第一款及第三條的規定，騎樓都被定為「公眾通行」的道路及人行道。另依《民法》第七六五調規定：「所有於法令限制之範圍內，得自由使用、收益、處分其所有物，並排除他人之干涉。」因此使用騎樓須受法律限制，不得妨礙公眾通行權益，故具有「所有權私有，使用權公有」性質。此外，騎樓的所有權是大廈住戶共有時，如何使用即屬「管理行為」，依法須經共有人半數以上同意後才能利用。

● 透露未來藍圖的談判力

安信公司盧總經理為了擺脫台商對進口木材的控制，突發奇想地前往巴西直接找一片森林開發木材。巴西原始森林由印地安人控制，盧總經理面臨兩個障礙：

第一個障礙是與土著打交道面臨語言、風俗、文化、土地信仰、開發價值觀、宗教認知差異，有極大的困難度。第二個障礙是保護區有國家特定法律保護，任何交易要通過酋長的同

意，出售森林土地等於買他們的命根子。盧總經理收集完整資訊，了解對方文化之後，開始行動化解立場差異的障礙。

第一階段登門拜訪並不順利，他很快被酋長一口拒絕。盧總經理採取迂迴方式，先教導族人學習中文，與他們做朋友，協助辦學校，開馬路，教印地安人種樹，讓對方取得實質利益，證明他不是來掠奪土地、竊取森林資源，而是來共同開發森林資源與族人共享利益的開拓者。

第二階段展開友善交涉，擁有前面協助族人的良好紀錄，部落酋長終於同意盧總經理購買森林的要求，盧總經理分兩次收購總面積 1,000 平方公里的巴西原始森林，他因此成為第一個在巴西擁有原始森林的華人，也是擁有巴西森林面積最大的外國人。

● 齊夫定律應用之二：輕易接受信息的習性

利用一般人吸收資訊時只願意付出最小努力的習性，你可以善用這種習性擴大你的影響力。

為何許多假消息或論證不全的資訊能夠取得不錯的說服效果？答案是：人類具有懶於解讀複雜資訊的惰性。「齊夫定律」指出多數人接收資訊時不會積極查證就選擇相信。不動產經紀

人告訴客戶說從社區走到捷運站只要 8 分鐘，買主通常選擇相信而不會認真去求證是否真的只要走 8 分鐘。

● 不懂法律不要上談判桌

史上最具爭議的遺產案，發生在美國南方佐治亞州參議員培根的身上。培根在 20 世紀初過世，他在遺囑中明確陳述他要用他的遺產建設一座公園捐給市政府，而且規定只有白人婦女和小孩可以使用這座公園，這種遺願在當年是備受讚許的善行。

可是，時過境遷，進入 20 世紀 60 年代後，社會上大量興起民權運動，改革者一致認為「只准白人婦女與幼童使用」的限制，明顯違法，而且是嚴重的種族歧視。於是民權運動者向政府要求禁止這種違法措施，結果得到勝訴，將公園開放給社會大眾。

後來，培根的後人提出反對的訴求，他們宣稱遺囑中明確指定公園只給特定人使用，政府開放公園給其他人使用，已經違反立遺囑人的意願。培根的後人於是提出遺囑中「無從履行」規定向法院要求收回公園的產權。最終，美國最高法院裁定培根的後人可以收回公園。

● 大數據的威力

有一天中午，當你拿起手機，準備打電話到附近的速食店叫午餐。

店員：您好，請問有什麼需要我為你服務的嗎？

你：我想要一份……

店員：先生，請問您的手機號碼是……

你：0915xxxxxx

店員：陳先生您好，您是住在台北市中正區 XX 路五號三樓嗎？家裡電話號碼是 02-2360xxxx ？

你：你為什麼知道我的地址、電話？

店員：陳先生，因為我們馬上連線到公司的客服系統，上面有您的資料我也知道您發出信號的位置，因為 Google 已經標示您的衛星定位。

你：我要一份招牌漢堡跟大份薯條……

店員：請問您要不要改吃我們的少油少鹽素食漢堡呢？再把薯條換成沙拉，因為根據您的就醫紀錄顯示，您上週去健康檢查，血壓和膽固醇都偏高。

你：好建議，那我要一份。

店員：請問您要不要順便幫家裡的兩位小朋友也各點一份呢？上次他們來店裡消費點了兩份特製兒童餐。

你：好！請問你們接受信用卡付款嗎？

店員：陳先生，您的信用卡再兩個月就到期了，如果您現在同意續約的話，你今天的餐點就可以免費。

網路時代，誰掌握資訊誰掌握市場！誰掌握資訊，誰贏得談判！

● 使用巧計套出資訊

一位 80 歲老先生在市政府申請社會福利補助，承辦人想了解老先生的真實生活情況，老先生裝耳聾一再搖頭不回答。社會局承辦人說：「唉！我可以幫你申請更好更多的補助金額，可惜！你都聽个到無法回答我！」老先生忽然忍不住開口問說：「政府還有更好更多的補助嗎？」「你不是什麼都聽不到嗎？」承辦人使用套話技巧引蛇出洞，成功幫助老先生取得更多的社會福利。

Chapter 9

權勢籌碼（POWER）無所不在，不能說你沒有籌碼

01 / 何謂權勢籌碼

● 權威、權柄、優勢、影響力

權勢籌碼是透過權威、權柄、優勢、影響力衍生出來的談判籌碼。談判者擁有崇高地位身份，例如：專家／學者／官員／父母／領導人／主管等，即擁有權威籌碼。談判者非權威人物，但手中握有決定權，例如：採購／被授權者等，即擁有權勢籌碼。

談判者控制主導權，例如：專利商品／領先技術／巨量產能／高端人才／價格低廉／先進武器／居高點的位子／特殊關係等，即擁有優勢籌碼。談判者擁有改變情勢的能力，例如：道德家、宗教家、合縱連橫的說客、閨密、被信任的人等，即擁有影響力籌碼。

　　以前廠商選擇通路商，現在通路商選擇廠商，誰握有優勢資源誰就擁有權勢籌碼。權勢籌碼無所不在，變幻多端，有的是既有的權勢，更多的是創造出來的權勢，不能說你沒有籌碼。

- ❖ 地位的權勢：君對臣，父對子，主對僕
- ❖ 關係的權勢；同鄉之誼，同校之誼，供應鏈關係，新買主，老顧客
- ❖ 個人的權勢；專家、博士、主管、資深員工、有功官兵、傑出校友
- ❖ 地理的權勢：主場優勢，客場劣勢，遠近的優勢
- ❖ 品牌的權勢：品牌價值，心理價值
- ❖ 品質的權勢：通過 SGS 檢驗，通過 ETC 測試
- ❖ 少量多樣的權勢：量身訂做，即時交貨的優勢
- ❖ OEM/ODM 的權勢：特殊設計，代工生產的服務優勢
- ❖ 製程的權勢：生產技術的競爭優勢
- ❖ 交貨快的權勢：降低備料庫存壓力
- ❖ 服務的權勢：服務禮儀，服務態度，保證滿意的制度
- ❖ 博奕的權勢：不怕死，勇於承擔，不畏懼風險
- ❖ 研發創新的權勢：破壞性創新的領先優勢
- ❖ 新商業模式的權勢：天網、地網、人網三網連動的優勢

02／巧妙運用權勢籌碼的影響力

● **權勢籌碼無所不在**

❖ 苦肉計的權勢：示弱讓對方產生同情心，弱者也能創造優勢。

❖ 冒險挑戰的權勢：使對方產生畏懼心理而採取讓步。

❖ 有錢的權勢：發揮資金雄厚的權勢壓制對方。

❖ 競爭的權勢：使對方陷入競爭壓力，對方的態度就會改變。

❖ 承諾的權勢：做出承諾使對方放心而願意配合你的要求。

❖ 被授權的權勢：因為你已被授權，對方必須尊重你的地位。

❖ 知識的權勢：盟軍元帥巴頓將軍赴北非就任時，對旗艦

領航員十分尊重，因為他擁有航海知識。

❖ 掌握對方真正需求的權勢：瞭解對方的真正需求才能抓住對方的軟肋。

❖ 投資程度的權勢：引導對方投下更多人力、財力與物力，你對他的影響力將更大。

❖ 賞罰的權勢：擁有賞罰籌碼，對方必須聽命行事。

❖ 先例的權勢：比照先例辦理，不能破例，先例與慣例都能產生影響力，用於要求對方或拒絕對方時使用。

❖ 堅持的權勢：堅持是一股偉大的力量，意志力產生權勢籌碼。

❖ 態度的權勢：態度讓對方感動，促使對方跟著改變。

❖ 地位的權勢：不看僧面看佛面，請佛出面增加僧的籌碼。

❖ 經驗的權勢：走過的橋比對方走過的路長，經驗也是權勢。

❖ 創新的權勢：我想得到你想不到，創新價值比對方高。

議價談判的
權勢籌碼

● 談判的現實性

　　談判是比較誰的籌碼多的博奕賽局。擁有優勢籌碼的一方必將然勝出，這是談判的現實性，沒有任何僥倖。希望談判致勝，只有學會不斷創造籌碼製造優勢，你才能擁有權勢成為談判贏家，人生贏家。

● 議價談判的四個階段

　　議價談判屬於分配型談判。

第一階段

　　雙方都從高點出發，喊價高殺價低，賣方開價必然高過後

來成交的價格，買方殺價也一定低於最後願意成交的價格。這是議價談判的序幕曲，也是一般減法談判的慣性行為。

第二階段

雙方各讓第一步，但初次讓價的價格只會落在對己方有利的理想區，希望能獲得較佳獲利。

第三階段

雙方進入激烈的討價還價區，買賣雙方互相挑戰，用盡方法想壓迫對方就範，這是議價談判給與取（give & take）階段，誰的策略與技術高明，誰就勝出。

第四階段

進入妥協讓步協議區，經過一番廝殺，互相了解彼此堅持的部分，認知任何一方都不應只顧全個人的最大利益，必須妥協讓步追求團體的最大利益，尋求利益的均衡分配。

第五階段

提出最佳預備替代方案（BATNA）解決彼此的爭端。最佳預備替代方案是談判條件的底線，超越底線將導致談判破裂。

第六階段

進入妥協讓步區，在可以接受的範圍內，簽訂合約完成談判。

● 議價談判的本質

議價談判的項目包含規格、品質、數量、價格、服務、交貨期、付款辦法、維修保固條件、零件供應、技術移轉等。議價談判本質是追求保障，降低成本。

議價博奕的槓桿支點包含籌碼、氣勢、膽識三項。品牌、品質、價格競爭力、服務好、信用好等屬於議價博奕的籌碼，擁有這些籌碼，賣方便能抵擋來自買方的壓力。不理會對方解釋，拒絕溝通，強勢要求賣方按照採購的要求行動，氣勢壓過賣方是買方的不二法寶。

買方評估形勢，確認自己居於有利地位時，發揮膽識對抗賣方，將有翻轉局勢的機會，但記得要給賣方面子或下台階，若能加上苦肉計、補償方案，更能符合阿基米得「給我一個支點，我可以舉起地球」的槓桿效應。

採購談判的買方集中火力在殺價，賣方集中火力在訴求品質價值，若賣方被買方引導為「只談價格」，對賣方勢必不利！

賣方必須翻轉局勢，點醒買方：「價格不會單獨存在，價格一定與價值綁在一起。」請買方兼顧價值與價格。

進一步說明議價談判的本質。

1. 資訊（情報）的對抗

不要陷入表面價格數字的拉鋸戰！議價談判應該是買賣雙方資訊籌碼的競賽。愈是了解市場行情、賣方的問題與需求、買方的問題與需求，愈不會被對方的假動作矇騙。

2. 問題認知的對抗

誰能夠指出真正的問題點與解決之道，誰就能掌握談判的主導權。誰能夠為價值與價格下定義，誰就有議價的優勢地位，如何透析問題？如何直指問題核心？業務談判高手必須訓練自己成為思想高手與技術分析專家。

3. 權勢的對抗

議價談判哪一方掌握生殺大權哪一方便能勝出。財大氣粗、握有大訂單的買方勝過需要訂單的賣方。買方有求於賣方的技術協助，賣方掌握權勢。若有賣方將自己定位為利基者，他不需要大訂單，他只追求最佳利益，此時買方的大訂單便失去權勢作用。

● 談判的流程管理

步驟一、制訂明確的目標

❖ 清楚列出這場談判中我方想要得到的主要利益與次要利益是什麼？

❖ 明確了解對方想要得到的主要利益與次要利益是什麼？

❖ 採用「SMART 原則」寫出明確目標，例如：你想將報價提高 10% 讓對方有空間砍價。

目標管理 SMART 原則，包含以下五個要素：

精確的（Specific）：目標必須是具體的

可衡量的（Measurable）：目標必須是可以衡量的

可達成的（Achievable）：目標必須是可以達到的

有關連性的（Relevant）：目標必須和其他目標具有相關性

時效性（Time bound）：目標必須有明確的達成日期

步驟二、確認對方的需求與雙方的優劣勢

❖ 知己知彼，談判前務必蒐集完整的資訊。

❖ 對方的主要需求是什麼？

❖ 對方可能設定的價格目標區為何？

❖ 對方是否具備條件可以獲得他們想要的東西？

❖ 對方當前正面臨哪些問題？

❖ 對方的談判優勢與劣勢是什麼？

❖ 對方在需求未獲滿足時，可能會有什麼反應？

步驟三、確認談判要素與決策依據

❖ 人事關係（例如：是否有高層關係？是否與採購有交情？）

❖ 可量化的因素（例如：價格、成本、預算的質量要素）

❖ 時間影響因素（例如：交貨期、貨款票期、服務速度）

【思考】：以上要素哪些是希望得到的，哪些是必需的，哪些是優先的？哪些是次要的？你有把握取得的最理想協議是什麼？你能接受的最低條件是什麼？對方如何思考以上問題？

步驟四、決定減讓條件與交易策略

❖ 問自己：你準備拿什麼跟對方交易？

❖ 問自己：你能給對方什麼？你想取對方什麼？

❖ 問自己：如何設定減讓的底線？

❖ 問自己？採用哪一種策略比較有勝算？

步驟五、估算交易方案的整體效益

列出可能取得的利益與可能付出的損失，分析後評估是否符合談判的效益。如果總的付出代價太高，表示需要重新擬定新的交易方案。

步驟六、塑造形勢理，強化立場

選擇最有利的時機，創造最有利的形勢，強化自己的立場，準備展開條件談判攻防。

步驟七、討價還價

當對方提出要求時，不要只是一味地說「不」、「不能接受」，請說「憑什麼？請給我一個理由」，當對方無法說明清楚理由或理性不充分時，將自知理虧而減弱砍價的氣勢。

賣方不妨採用「加減除乘法」：

第一、用加法把產品利益、服務利益加總起來成為權勢籌碼。

第二、對賣方不利之處省略不提。

第三、將買方的採購成本使用除法將它極小化。

第四、將對買方有利之處予以加倍擴大。

04 /

不對等談判的
權勢失衡

● 不對等談判是常態

談判有七成以上是在不對等的狀態下進行。例如：地位不對等、經驗不對等、年齡不對等、專業度不對等、資源不對等、公司規模不對等、強弱不對等、市場寡佔不對等、議價作風不對等、籌碼不對等。處於不對等情境而能斡旋成功才是談判的真功夫。

● 弱者的談判

談判學對弱者的認知與一般社會對弱者的認知有所不同，一般社會認知弱者就是弱者。談判學的認知：弱者用對籌碼可以翻轉成為強者。

例如：兩家供應商正在爭奪 S 客戶的訂單，B 供應商的企業規模比不上 A 供應商大，產品組合亦比不上 A 供應商的多元化，價格更缺乏競爭力，但 B 供應商董事長與 S 客戶總經理有姻親關係，因此 B 供應商運用人際關係取得 S 客戶的一部份訂單。

例如：烏龜向兔子抗議他們的賽跑規則不公平，烏龜要求由牠規劃比賽路線才符合公平原則，兔子接受烏龜的抗議。烏龜選擇一段充滿碎石的陡坡做為比賽路線。比賽開始，烏龜把手腳一縮從陡坡上滾下來，很快抵達終點站。兔子怕疼不敢滾下來，慢慢走下來，最終輸了比賽。

這個故事，點出弱者談判的 SWOT 策略性思維：弱者談判時要強化優勢籌碼（Strength）增加贏的機會（Opportunity），減少弱勢籌碼（Weakness）產生的威脅（Threat）。

● 應付高姿態談判者

應付對方高姿態，先培養「說大人而藐之」的心理素質，再「計」高一籌扭轉局勢：

1. 結合其他弱者壯大聲勢。

2. 依附強者，狐假虎威。

3. 玉石俱焚，嚇退對方。

4. 製造假資訊，虛張聲勢。

5. 訴求公平，喚醒良心。

6. 訴求公正法律，依照合約行事。

7. 尋找關係牽制對方。

8. 勇敢向對方爭取公平對待。

05 /　　　　　　　　臨機應變創造權勢

● 無秤是乞討，有秤是生意

　　「給」換來「取」，給與取都能成為權勢籌碼。一則「抖音」短片頗有啟發性。一位假裝是瞎子的乞丐在地上放著一個鐵製飯碗，路過的人給他的盡是一些銅板，老兄辛苦一天下來實在掙不了多少銅板錢。一位小朋友幫他在碗前面放置一台體重器，路過秤完體重的人，紛紛往他的碗裡放一元的紙鈔，乞丐提供稱體重服務（給）換來路人回饋（取）。用對權勢籌碼，乞討效益隨之改觀：無秤是乞討，有秤是生意，動動腦，臨機應變，處處都能創造權勢。

● 提供平台給對方表現

在「女人世界」百貨廣場賣花的小女孩，向情侶們推銷鮮花，她用鼓勵的眼神望著男朋友，暗示男朋友把花送給女朋友，懂得提供平台給對方表現，小女孩的銷售業績好的不得了。

● 利用對方的缺點

當對方出現差錯或暴露弱點時，藉機幫助對方度過難關比趁機打擊對方更有利於創造權勢。例如：工廠急需調貨上線生產，原物料供應商趁火打劫抬高價格，不如緊急調貨協助工廠度過難關，供應商將因感念而長期與你合作。

● 以子之矛攻子之盾

華頓商學院戴蒙教授教導學生將「對方的標準」做為說服對方的權勢籌碼。晚上 10 點 55 分一位女學生到 S 速食名店購買一包薯條。結果拿到一包濕軟的薯條。她請店員換一包新鮮酥脆熱騰騰的薯條。

店員說；「我們再 5 分鐘就打烊了！油鍋已經關火了，抱歉。」

女學生冷靜地走到櫃檯的末端拿起一份 S 速食名店「保證新鮮」的廣告單，走回店員的面前說：「我是來 S 速食名店，沒錯吧！這張保證新鮮的廣告單說：你們在營業時間內的食物絕對新鮮！保證提供客戶完美口感！請你們實踐承諾給我一包新鮮酥脆熱騰騰的薯條！」

● 第三者的權勢

善用第三者的力量幫自己壯大聲勢，權勢籌碼不一定來自談判者本身。

農產品取得有機認證增加市場競爭的權勢。新產品上市借用「明星代言」，增加信任度與接受度。談判者本身缺乏權勢時，借用第三者的權勢幫助自己擴張影響力。

● 藉紳士權勢討債

義大利一家專門替人討債的公司，他們設計的討債手法十分特別，該公司聘請高大的討債人，穿著燕尾服帶著禮帽，如影隨行跟在債務人的身邊，路人一看便知「紳士前面這一位仁兄欠人家錢」，債務人受不了社會大眾歧視的眼光，紛紛設法還債以求脫困。

● 羅斯福總統的名言

羅斯福總統有一句名言，點出權勢籌碼如何巧妙運用：「手持大棒，言語溫和。」也就是「態度溫和，立場堅定」的兩手策略。

● 創造權勢不只 36 計

創造權勢的不變法則：不斷給對方施加壓力！壓力包括誘因與反誘因。例如：

❖ 戰略上藐視對方，戰術上重視對方

❖ 借勢借端

❖ 主導框架及談判規則

❖ 挑戰小雞遊戲

❖ 以牙還牙，對等回應

❖ 恐怖平衡

❖ 哀的美敦書

❖ 建設性夥伴關係

❖ 且戰且走

❖ 避開鋒頭

❖ 鬥而不破

❖ 修斯底德陷阱（警告對方衝突一定會發生）

❖ 圍魏救趙

❖ 上屋抽梯

❖ 敲山震虎

❖ 無中生有

❖ 假造聖旨

❖ 權威人士

❖ 誣告栽贓

❖ 雞蛋裡挑骨頭

❖ 故意製造迫在眉睫的情境

三大心理籌碼（ICE）
決定談判的結果

Chapter 10

槓桿原理：
給我一個支點
我可以舉起地球

01 / 槓桿原理：
找對支點可以舉起地球

● 槓桿支點＝關鍵籌碼

　　阿基米得「槓桿原理」中的支點（fulcrum）指的是談判學的關鍵籌碼。阿基米得說：給我一個支點我可以舉起地球，找到支點等於找到對手的軟肋，足以讓對手棄子投降。

　　古希臘學者阿基米得的槓桿理論（Archimedes Lever Principle），物理學稱之為「槓桿平衡條件」：要使槓桿平衡，作用在槓桿上兩個力的互動關係，動力點、支點和阻力點的大小與它們的力臂成反比。操作槓桿，只要移動支點，槓桿就會失去平衡，變成斜槓。談判在施力點加碼或移動支點，都能造成對方失去平衡而被降服。

古今中外縱橫家、辯士、說客、軍師、律師都是槓桿原理
（levels）的高明操盤手。

● 找出說服對方的槓桿支點

說服學的槓桿支點有兩個切入點：一是操控對方的大腦思
維，二是操控對方的心理。俚語說：「男追女隔層山，女追男
隔層紗」、「周瑜打黃蓋，一個願打一個願挨」。強迫對方付
出不如引導對方甘願付出。

● 理性的槓桿支點

引導對方產生值得付出的心理，例如：它值得、我需要、
別無選擇、已經是最佳條件了、時間點很恰當、不能喪失機會、
不能再更好了、符合經濟原則等等。

● 感性的槓桿支點

誘導對方的心理產生對你有利的感情投射，這些感性因素
將有效催化對方做出對你有利的行為：

我願意成全他、我寧願選擇信任、與對方互動感覺良好、
維持關係有助於得到更好的服務。

02 / 三大心理籌碼（ICE）
決定談判結果

● 心理籌碼（ICE）

誘因籌碼（Interest）、反誘因籌碼（Concern）、關係籌碼（Emotion），稱為三大心理籌碼。對方對你拋出的籌碼不動心、不害怕、不在乎，對方心裡壓根兒沒有出現波動，表示你的籌碼沒有作用。談判學既是籌碼學也是心理學，談判籌碼學教你如何善用形、勢、理、時間、資訊、權勢等六類籌碼，談判心理學教你如何善用 ICE 心理壓力籌碼使對方心動而行動。

● 誘因籌碼（Interest）

能吸引對方，誘惑對方，鼓舞對方，使對方動心採取行動的籌碼，稱為誘因籌碼。例如：甜頭、胡蘿蔔、好處、利益、

升遷、比較便宜、提供優惠等。汽車保險公司提出投保獎勵措施，一整年沒有出險的客戶，第二年保費打 9 折，車主為了節省保費，開車將會更小心。

使用誘因籌碼必須符合兩項要件：

第一、要有針對性，根據對方的個人需求與心理素質設計誘因。誘因必須正中下懷，強而有力。出招前要事先了解對方的價值觀？對方最想獲得的利益是什麼？誘因要夠強烈，對方才會積極配合。

第二、「讓馬口渴」、「二桃殺三士」、「重賞之下必有勇夫」，提供的誘因必須讓對方心動之外，還要讓對方內心湧現非要得到不可的衝動。

● 反誘因籌碼（Concern）

根據金融行為理論「厭惡失去」，強調危機感，使對方心理出現擔憂、顧慮、恐懼，害怕失去利益，害怕失去機會，想規避被懲罰等，稱為反誘因籌碼。例如：苦頭、大棒子、壞處、風險、關係破裂、重大損失等。汽車保險公司提出懲罰條款，第一年開車不小心害保險公司必須理賠的客戶，第二年度的保

費將提高二成，車主為了避免保費更貴，開車就會更小心。

使用反誘因籌碼必須符合兩項要件：

第一、要有針對性，反誘因必須讓對方產生切身之痛。事先必須了解對方的心理素質？對方最害怕的是什麼？最憂心哪一種損失？最想規避的風險為何？找出對方的忌諱，死穴，軟肋。

第二、反誘因要夠強烈，對方才會出現積極行動。壓力不夠時要不斷加大壓力，一直到對方產生恐懼害怕為止。

● 關係籌碼（Emotion）

談判雙方的關係影響談判氛圍與合作意願。有關係用關係，沒關係找關係，有關係才好辦事，關係好，許多事情比較容易迎刃而解。

普林斯頓大學（Princeton University）研究人員在功能性磁振造影（fMRI 心智影像研究）的大腦掃描實驗中發現，人們溝通不良時，神經共鳴會消失。研究人員有辦法靠著觀察當事人

的大腦同步程度，預測他們的溝通效果。此外，研究人員發現最專心的人——優秀的聆聽者——甚至可以在另一方開口之前，就知道對方要說什麼。你若希望增進神經共鳴技巧，成為「他心通」，要時常練習同理心，把注意力放在身邊正在講話的人，或是觀察電視上的受訪者，把說話的那個人想像成「自己就是他們」，想像你正身處他們所形容的情境，細節愈細愈好，感受你就在對方所處的現場。

當我們近距離觀察一個人的臉部、姿勢、語氣時，大腦會在「神經共鳴」（Neural Resonance）的過程中與對方同步，進而了解他們的想法與情緒。談判專家經常使用『神經共鳴』加上「戰術性同理心」影響對方的言行。

03 / 以戰術性同理心 找出槓桿支點

● 戰術性同理心—標籤法（Labeling）

　　FBI 首席談判專家克里斯・佛司（Chris Voss）指出與嫌疑犯談判過程，突破對方心防的槓桿支點是「點出對方的痛苦」，說服對方時不僅要表現感同身受的態度，真正的重點在於「說出對方心裡的真正的感受」。這一套方法是 FBI 審問嫌犯經常使用的「戰術性同理心」技巧，亦稱「標籤法」（Labeling）。

　　審問者從嫌疑犯的立場出發，說出對方當下的內心感受，運用鎮定且尊重的語氣重覆形容嫌疑犯的內在情緒，被審問者下意識會與審問者產生情緒共振感。

　　「標籤法」靠著觀察對方行為說出對方的內心情緒，引導

對方對號入座，認同當下擁有的感受正是你說出來的那一種情緒，快速地打破嫌疑犯的抗拒，特別是對方有些緊繃時，標籤法特別有用。例如，把對方的負面想法攤在陽光下：「看來你不想坐牢」、「看來你希望早一點走出不安的陰影。」通過貼標籤法，點出對方潛意識心理影響對方的行為。

加州大學洛杉磯分校（University of California, Los Angeles, UCLA）心理學教授馬修·李伯曼（Matthew Lieberman）研究大腦受刺激後會出現哪些變動，受試者看見流露強烈情緒的人臉照片時，大腦產生恐懼感的杏仁核會出現明顯而活躍的活動。但當受試者被要求描述情緒時，大腦活動會轉移至管控理性思考的區域。換言之，替一個人的情緒貼上標籤，把理性的話貼在恐懼上面，可以降低情緒的原始強度，所以危機處理談判專家，一定會先用貼標籤法將對方的情緒導向理性，避免對方在情緒失控下做出危險動作。

● 案例：警匪對峙

首席談判官克里斯·佛司說，有一次因為不曉得歹徒的電話號碼而無法向對方喊話。因此整整 6 個小時談判官只能對著

歹徒佔據的公寓喊話。他說雖然無法通過電話使用聲音表情撼動歹徒的心，但「戰術性同理心」發揮了極大的影響力。談判官重複喊著：

「看來你們在擔心，要是你們開了門，我們會衝進屋內掃射！」

「看來你們不想回監獄！」

他說整整 6 小時，談判官的喊話沒有獲得任何回應。僵持之中，隔壁建築物的狙擊手用無線電通知，他看見公寓窗簾在動，公寓前門慢慢被打開，一個女人舉著雙手走出來。談判官繼續講話，3 名逃犯全部走出公寓。直到警方將他們戴上手銬，3 位歹徒一個字也沒說。

接著，談判官心中最想知道的一件事是：為什麼歹徒在整整安靜了 6 個小時後，決定棄械走出來？他們最後為什麼會願意投降？

偵訊後，三個人給談判官一樣的答案：「我們不想被抓，我們不想被掃射，是你的喊話說出我們內心的擔憂，讓我們冷靜下來思考，應該選擇投降。」

04 /
將脆弱點／軟肋
做為槓桿支點

打蛇七吋隨棍上，狡龍喉下三尺有逆鱗。蛇之七吋與龍之三尺是脆弱點，將它做為控制對方的槓桿支點。《韓非子・說難》「夫龍之為蟲也，柔可狎而騎也，然其喉下有逆鱗徑尺，若人有嬰之者則必殺人。」逆鱗是不能讓人碰觸的地雷區，御龍術的秘訣是搯住牠的要害。

核桃外殼堅硬無比，但只要如蛇之七吋與龍之三尺，找到核桃的脆弱點，空手即能破核桃，不需用到胡桃鉗子。駕馭萬物皆有秘訣，談判也有秘訣。

● 后翼棄兵（Queen's Gambit）

「后翼棄兵」為西洋棋的一種開局策略。在開局時先犧牲一

兵以求最後的勝局。（原文為 Gambit means in Chess, you would start by losing one pawn in order to gain more advantage later in the game.）與「抓大放小」策略有雷同之處。

　　人的優點被對方利用時，優點將變成軟肋，譬如：對方利用你的善良，知道你不好意思拒絕，大膽開口向你借錢，對方同樣利用你不喜歡計較的優點，藉口拖延，借錢不還。

05 /

TIP 與 ICE 整合
產出綜合效果

單一籌碼能產生的談判效益比較有限,將 TIP 物理籌碼與 ICE 心理籌碼整合應用才能產出重磅談判力。

	時間籌碼（T）	資訊籌碼（I）	權勢籌碼（P）
誘因 / 利益 (I)	用時間因素提供對方利益	用資訊因素提供對方利益	用權勢因素提供對方利益
反誘因 / 風險 (C)	用時間因素製造對方風險	用資訊因素製造對方風險	用權勢因素製造對方風險
關係 / 氛圍 (E)	用時間因素創造關係氛圍	用資訊因素創造關係氛圍	用權勢因素創造關係氛圍

06 / 致命的槓桿支點：
阿基里斯腱（Achilles' heel）

● 殺、誘、等

織田信長用殺招使杜鵑啼，用的是 Concern 反誘因籌碼威脅杜鵑使牠害怕而啼。

豐田秀吉用誘招使杜鵑啼，用的是 Interest 誘因籌碼吸引杜鵑使牠高興而啼。

德川家康用等招使杜鵑啼，用的是 Emotion 關係與時間籌碼等待杜鵑白己啼。

「順應形勢」、「用對招」、「比氣長」，德川家康審時度勢，擅長謀略，精於佈局，用對戰術，氣比人長，最終開創德川幕府時代。

戰術篇

● 希臘英雄阿基里斯

Achilles' heel 的典故源自希臘神話故事。阿基里斯是希臘的英雄，但在歷時近十年的特洛伊戰爭最後一年，特洛伊王子帕里斯（Paris）靠著神助得知阿基里斯全身唯一的致命要害是他的腳腱，於是用箭射穿阿基里斯的腳腱，造成他最後負傷而死。Achilles' heel 從此被用來形容某一完美事物的關鍵缺點或是強者的致命弱點。談判若找不到對方的阿基里斯腱予以致命的一擊，問題將難以解決。

● 外傭的加薪談判

外傭要求加薪，老闆娘為此事大感不悅。

老闆娘：你要求加薪的理由是什麼？

外傭：我有三個理由！第一個理由是我比你會燙衣服。

老闆娘：誰說的？

外傭：妳老公。

老闆娘：哦！

外傭：第二個理由，我煮菜比妳煮的好吃。

老闆娘：誰說的？

外傭：也是妳老公。

老闆娘：是嗎？！

外傭：第三個理由，我比妳床上功夫好。

老闆娘臉色大變，問外傭是誰說的？老闆娘心想是不是我老公說的？

外傭：我不敢說！

老闆娘：說！不用怕！不然妳明天就不用來上班了！

外傭：是常來家裡修理東西的水電工說的。

老闆娘：好！妳想加多少薪水，我都加給妳，千萬別給我老公知道啊！

外傭找到說服老闆娘的阿基里斯腱，加薪成功。

● VHL 旅遊集團的談判策略

財務投資顧問 H 輔導 VHL 旅遊集團擺脫經營困境，VHL 旅遊集團受制於經營慣性，出現猶豫不決的心理。顧問 H 梳理各種決策的可能性發展成功說服 VHL 旅遊集團接受他的投資方案。

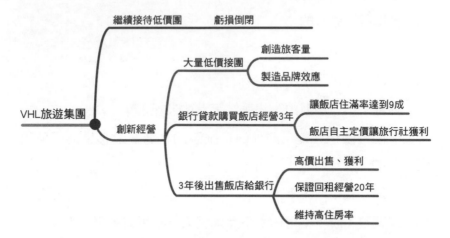

如圖所示，VHL 旅遊集團若繼續採取「低價團」策略，最後抵擋不了經營成本不斷墊高，將邁向虧損倒閉。唯有選擇創新經營模式，才能創造未來的榮景。提案分成三階段進行：

第一階段，依然先採用大量低價接團策略，目的在累積旅客量做為日後談判的籌碼，同時製造品牌效應增加客源，形成經營績效的正迴圈，未來談判時，品牌即可做為有利的籌碼。

第二階段，藉用旅客量與品牌力向銀行貸款買下飯店，保證經營 3 年期間，運用旅客數使飯店住滿率達到 9 成，且因自己投資的飯店可以自行訂定房價，盡量安排讓旅遊公司獲利，創造極大的誘因。

　　第三階段，提出經營實績外加二項保證將飯店高價賣給銀行。附帶保證：一、維持高住房率。二、回租經營 20 年讓銀行賺取房租及不動產的增值利益。

　　投資案最終在顧問 H 精心策劃下，順利談判成功。

給與取（GIVE & TAKE）：
交易謀略與分配藝術

01／ 給與取（GIVE & TAKE）

創造談判的效益

● 何謂「給與取」

　　談判的目的為了「取得」更多利益（Get More），當雙方都無法獨佔資源時，必須藉助「給與取」交換利益的手段達成談判目標。給予對方什麼利益才能換取己方想要的利益，這是研究「給與取」技術的主要目的。

● 給與取影響談判的成敗

　　談判能否順利取得協議，要看給與取的分配結果是否能令雙方都感到滿意。交易有原則，滿意無標準，加上人性的貪婪，總是希望自己能得到更多，給與取需要攻防技巧，需要巧智，需要成本分析，給與取影響談判的成敗。

給與取的
金融行為學

愈了解談判者的心理與行為，愈能操控「給與取」的效益。
有些奇特心理為「給與取」製造許多阻礙，必須使用技巧予以
排除。

● 稟賦效應（Endowment Effect）

「稟賦效應」形容當一個人擁有某項物品或資產的時候，
他對該物品或資產的價值評估總是大於沒有擁有這項物品或資
產的時候，這一現象經常用於行為經濟學的分析中，並與「損
失厭惡」理論連結使用。「稟賦效應」造成談判者珍惜自己既
有資源遲遲不願進行資源交換，破解之道是：指出對方與我方
交易的物品，它的價值並不高，這樣的說法有助於引導對方樂

意釋出該項資源。

● **損失厭惡**（Loss Aversion）

　　損失厭惡是指人們面對同樣數量的收益和損失時，認為損失更加令他們難以忍受。 同量的損失帶來的負效用為同量收益的正效用的 2.5 倍。 損失厭惡反映了人們的『風險偏好』並不是一致的，當涉及的是收益時，人們表現為風險厭惡；當涉及的是損失時，人們則表現為風險尋求。由 Daniel Kahneman（1934年~）和 Amos Tversky（1937 年~1996 年）在 1979 年發表的論文中，通過以下的對照實驗，觀察到了此種心理上的「趨避現象」。

　　該項試驗分為兩組：

第 1 組實驗：被實驗團體先行持有 1000 單位的現金。在此
　　　　　　基礎上做出選擇。
　　　　　　A. 50% 的概率將持有的現金增加為 2000。
　　　　　　B. 100% 的概率將持有的現金增加為 1500。
　　　　　　此實驗中，被實驗團體的 16% 選擇了 A，84%
　　　　　　選擇了 B。

第 2 組實驗：同實驗團體先行持有 2000 單位的現金。在此
基礎上做出選擇。

C. 50% 的概率損失 1000 單位現金。

D. 100% 的概率損失 500 單位現金。

此實驗中，同實驗團體的 69% 選擇了 C，31%
選擇了 D。

實驗中，A 選項和 C 選項最終手中持有現金是 1000 或 2000
的概率都是 50%。相對的，選項 B 和選項 D 最終手中持有的現
金是 1500 的概率是 100%。即是說，被實驗的團體在「有可能
獲得利益」時傾向於選擇低風險，而在「有可能遭受損失」時，
更傾向于選擇高風險。

「行為經濟學預期理論」的核心理念指出損失帶來的痛苦
感遠大於收益帶給人的滿足感，這也是一些賭徒或投機者在輸
錢時比贏錢時更難離場的關鍵原因。這項理論應用在談判時，
促使對方擔憂、產生顧慮、希望規避損失或風險的反誘因籌碼
（Concern）比誘因籌碼（Interest）更能讓對方就範。

還有一種情況是「短視損失厭惡（Myopic Loss Aversion）」。
在證券投資中，長期收益可能會週期性地被短視損失所打斷，

短視的投資者把股票市場視同賭場，過分強調潛在的短期損失。這些投資者可能沒有意識到，通貨膨脹的長期影響可能會遠遠超過短期內股票的漲跌。由於短視的損失厭惡，人們在其長期資產配置中，會出現過度保守現象。談判給與取過程中，談判者對長期合約也常出現「短視損失厭惡」現象而影響給與取的決斷力。

不過，美國伊利諾伊大學市場學教授 David Gal 曾在《科學美國人》（Scientific American）上撰文質疑「損失厭惡」理論的正確性。他引述西北大學凱洛格管理學院教授 Derek Rucker 的論文稱，損失厭惡的理論不完全正確。

● 「價值」具有主觀性

芝加哥大學的理查德‧塞勒教授（Richard Thaler）做過一項實驗，他讓獲得咖啡杯的人成為賣方，沒有咖啡杯的人成為買方，他請買方與賣方分別為咖啡杯標價。結果賣方要價的平均金額是美金 5.25 元，而買家出價的平均金額是美金 2.25 至 2.75 元，前者賣方的標價是後者買方的兩倍。是賣方不近情理嗎？還是買方過於小氣？

　　這個實驗揭示了「價值」具有主觀性。一件東西究竟值多少錢，取決於你站在哪一個位置上，因此我們無須苛責賣方總是要求高價，買方總是要求低價，如果換作我們自己站在對方的位置上，恐怕我們也會和他們一樣做相同的事。給與取階段，雙方必須對「價值」的認知盡量維持客觀性。引導雙方從不同位置看「給與取」的交易價值。

● 觀點取替

　　談判雙方互相提醒進行「觀點取替」，避免因為過度主觀化而造成觀點、立場、利益的衝突。觀點取替不僅從自己的角度看問題，還要從對方的角度看問題，促使雙方產生同理心化解各自堅持的交易障礙。

03 ／ 資源總會落到
用的最好的人手裡

● **科斯定律（Coase Theorem）**

經過「給與取」一番廝殺，最佳利益將由哪一方獲得？科斯定律揭示：資源總會落到用的最好的人手裡。諾貝爾經濟學獎得主羅納德‧哈里‧科斯（Ronald H. Coase）研究如何有效分配無線電廣播頻率，避免頻率互相干擾而發展出「科斯定律」。科斯定律描述一個經濟體系內部的資源配置與產出，他的核心思想在交易成本（transaction cost），交易成本是經濟學概念，指完成一筆交易時，交易雙方在買賣前後所產生的各種交易相關的成本。

兩家有頻道爭議的電台如何解決問題？從爭議頻道中可以

獲得更大利益的電台甲，假如對該頻道沒有產權，但有足夠誘因向另外一家電台乙購買或租用該頻道的使用權，原因是電台甲為了拿到頻道而願意付出的金額，必定大於電台乙放棄頻道而換取的金額。頻道的初始分配會影響到兩家電台的盈虧狀況，但改變不了最有效率的分配狀態，結果是電台甲取得頻道的使用權。

有一把世上最好的劍和一群劍客，鑄劍師傅會把這把好劍贈與誰？

甲案：給劍術最差的劍客，激勵他得到好劍後日日精進，期望他日後成為武林高手。

乙案：給劍術最好的劍客，好劍配好手相得益彰，可以提升這把劍的價值。

丙案：抽籤，公平處理，任何人都有機會。

依照科斯定律，資源總會落到使用得最好的人的手裡，英雄配好劍，寶馬配好鞍，師傅必然會選擇乙案。

給與取，運用科斯定律讓對方認為你懂他們，你珍惜他們的付出，促使對方給予你想要得到的資源。

　　畫室中，一幅油畫標價 10 萬元，第一位客人來看畫，砍價 9 萬元，畫家不賣，客人不懂畫。第二位客人來看畫，砍價 8 萬元，畫家賣了，因為這位客人不僅懂畫，還懂畫家。

04 / 給與取的原則

● 給與取的原則

原則一：顧全大局，以解決問題為導向。

原則二：敢要求，大膽開口，取得較大的議價空間。

原則三：敢讓步，但要取得對方的認同與感謝。

原則四：未得到對方同意交換條件時，不要先給予對方利益。

原則五：投桃報李，顧及雙方利益的均衡。

原則六：兼顧近利與遠利

原則七：抓大放小

原則八：抓緊有利時機點

05 / 給與取的策略

給與取的策略

擁有絕對優勢時，選擇「只取不給」策略。

缺乏喊牌能力時，選擇「只給不取」策略。

雙方實力相當時，選擇「先取再給」或「先給再取」策略。

你的籌碼優於對方時，選擇「給少取多」策略。

你的籌碼不如對方時，選擇「給多取少」策略。

談判是博奕學，跟梭哈、德州撲克的玩牌技術一樣，需要透視並操控對方心理。若遇上剛性談判者，他處理資源分配毫無彈性可言，給與取的推拿功夫將使不上力。

　　剛性談判者像鐵板一塊，讓都不讓，只有從 Yes or No 中二選一，對方的態度告訴你：要就合作，不要就拉倒。這種談判者以個體戶為主，耍性格的成分很高。

06 / 給與取的靈活戰術

● 孫子兵法

「給與取」的攻防策略必須十分靈活，直接要求對方讓利的機會並不大，用點技巧進行給與取，有其必要性。以《孫子兵法》第二十八計「上屋抽梯」為例，上屋抽梯也稱上樓去梯，是一種逼誘計。

原文是：「假之以便，唆之使前，斷其援應，陷之死地。遇毒，位不當也。」故意顯示出有利可圖之點，引誘敵人進入絕境，截斷它的增援或接應部隊，使它全部陷入被包圍的死地。

用於談判的給與取，如：提供免費試閱，取得消費者個資之後，再推銷更多商品創造利潤。如：網路平台或影音軟體，

註冊初期提供無償使用，待消費者使用上手並養成習慣之後，開始要求付費。

● 后翼棄兵

「后翼棄兵」一詞是西洋棋的專用術語，指的是西洋棋的一種開局策略。為了得到一個更有利的局面，棋士必須先做出一些必要的犧牲。談判時，故意表現大方施捨，先讓利給對方，隨後再跟對方爭取更大的利益。

● 突發性的情緒

對方使用拖延戰術或死纏爛打戰術時，為了逼迫對方就範，適度使用衝突手段，維持鬥而不破，促使對方趕快做出決策有很好的效果。

● 化整為零

鯨吞利益容易引起對方產生警覺，採用化整為零策略在給與取談判中比較不會打草驚蛇。例如：運用切香腸策略與蠶食策略，一步一步要求對方提供小利益，在不知不覺之中你已累

積最大利益。

● 先易後難

引導對方先進行容易合作的部分，接著進行複雜條件的交易，當對方投入愈深，交易愈能產出更大效益。

● 先小後大

列出交易清單，依照交易項目的重要性分類排序，子目錄依價值大小排序。若一開始即討論重大交易，必將遇到許多阻礙影響談判的進展。先完成小項目交易，以許多小成功為基礎再進一步討論重大交易，此時談判雙方會認為前面已經完成幾項合作，後面這些大項目若無法完成交易，將使前面的努力白費力氣，先小後大的談判順序有助於完成重大交易。

● 抽象與實體

社區請來一位退休老木匠幫忙維修公共工程，為了控制預算，社區主委感謝老木匠說：「我從來不認為您是為了賺錢而來，我認為您退而不休是為了繼續用您的經驗與技術服務社會」。

後來，老木匠高興地以極低報價承包社區工程，社區主委給的是抽象的讚美，老木匠回饋優惠報價是實體。給予肯定建立互相賞識的友善關係，在實體的金錢交易往往能取得特殊優惠。

● 挖掘對方真正的需求

不了解對方的真正需求，無法分辨對方要求的真假。使用開放型問句引蛇出洞，再從對方陳述的諸多需求中研判其中真正的需求。確認對方的需求，再進行具體的條件交易，釋出的利益不符合對方的需求，形同浪費籌碼，談判不應該做白工。

● 引導對方產生「給」的動機

1. 必須要給

2. 不得不給

3. 給了最好

4. 不給對自己不好

5. 對方值得給

6. 我給的起

7. 給有助於後面的取

8. 這種情境應該給

9. 給可以維持更好關係

10. 給有助於企業形象

11. 早給或晚給都必須給，不如早點給

12. 大方給才能換得大量取

多數談判者在「給與取」階段，以「讓馬口渴」為圭臬，認為吊胃口讓對方期待是提高「給」的最有效手段。這種爾虞我詐策略屬於減法談判手段。「給與取」談判其實只要依照分配式談判的階段性步驟，一步一步進行即可。「給與取」以增值談判互利共贏理念進行交易的效益將最大，不過喜歡享受賽局博奕與小雞遊戲的談判者，從交易中鍛鍊給與取技巧，當成練兵也很好。

● 提醒自己「給」的必要性

1. 若不給對方利益，將取不到我方想要的利益。

2. 不能追求個別利益極大化，只能追求團體利益的最佳化。

3. 識時務者為俊傑，形勢不可為，與其不勝不如求不敗。

4. 建立共生共榮觀念，追求納許均衡，該給就給。

5. 若給能帶來更多長遠利益，當給則給。

● 拒絕對方

1. 條件不足：直白地告訴對方他們不具備條件要求我方給
   予該項利益。

2. 要求回饋：開出超高條件要求對方進行交換，讓對方知
   難而退。

3. 矮化自己：發揮演員風格（showmanship）讓對方相信你
   做不到而放棄原始的要求。

4. 拖延戰術：拖延時間讓對方無法等待而放棄。

5. 虛以委蛇：答應對方條件，但七折八扣讓對方感覺不如
   不要。

6. 第三方因素：藉口第三方因素造成無法配合，使用孫子兵法第三計「借刀殺人」。

7. 見縫插針：找到對方不合理的要求，反批對方，隨後拒絕。

● 壓抑對方獅子大開口

直接回絕對方你做不到，比跟對方講道理要有效的多。

● 減讓技巧

1. 永遠不要無償讓步。要讓步時，要表現心不甘情不願，讓對方認為他得到難得的利益。

2. 讓對方感覺我方的讓步已經到達能力的極限。強調我方已經付出最大的經濟成本。適時透露口風，故意讓對方知道，阻擋對方予取予求。

3. 將對方的讓步價值（減讓條件）貶低到最低的程度。避免對方拿翹，反過來要求你回饋。

● 避免交易損失過大

1. 選擇交易時機，等待形勢對自己有利時才展開交易。

2. 表明這是一場有前提的談判，用前提做擋箭牌，畫出底線。

3. 戰術上以攻代守，削弱對方的要求力度。

4. 設定底線，勇於博奕，寧願破局，堅持不讓。

5. 運用戰術性騷擾，使對方知難而退。

6. 拖延時間，使對方喪失優勢。

7. 施予小惠，爭取好感，避免對方獅子大開口。

● 合理推諉（Plausible Deniability）

合理推諉也譯為「似是而非的否認」，是中央情報局（CIA）在 20 世紀 60 年代初創造的詞彙，用來描述高級官員隱瞞信息的情況，以便中央情報局非法或不受歡迎的活動，被公眾所知的情況下，保護他們免受影響。美國政府對此不承擔任何責任，對未經授權的人員來說很明顯，如果被發現，美國政府可以合理地放棄對他們的任何責任。」

談判使用合理推諉的技巧：

一、尋找理由拒絕對方的要求。例如：我們不是不願意降價給貴公司，因為價格與品質成正比（理），我們若降價必將牽動品質（推諉），貴公司能接受嗎？

二、尋找理由降低對方的投訴。例如：我們不是故意遲交這批貨，你應該知道的，罷工屬於不可抗拒的因素。

三、尋找理由使對方無法抱怨。例如：原來我們是可以如期交貨的，因為貴公司法務部在合約條文上要求做出修改而延誤了兩天。

● 伊朗人質危機

1979 年 11 月 4 日，在伊朗首都德黑蘭，500 名伊朗學生突然佔據美國駐伊朗大使館，挾持 60 多名美國人，理由是美國駐伊朗大使館是美國的間諜中心。這事件得到「伊朗革命」領袖，當時剛返回伊朗接管政權的何梅尼（Ruhollah Khomeini）的強力支持。兩方就釋放人質進行了長達 14 個月的談判。美國的主要目的是儘快釋放人質；伊朗也有其目的，希望美國承諾不再

干預伊朗內政、希望將逃亡在外的國王巴勒維（Palevi Shah）在美國的資產歸還給伊朗。

美國丹佛大學的費斯特（Karen A. Feste）教授對伊朗人質危機事件做過詳細研究，在「與恐怖分子談判：美國 - 伊朗人質危機」一篇論文中，費斯特教授歸納出美伊雙方採取的給與取技巧，包括：

❖ 懷柔：雙方讓步，用胡蘿蔔戰術提供增值利益，軟化對方的對立立場。

❖ 強硬：威脅、採取負面行動，用大棒子戰術施壓，使對方產生危機意識不得不配合。

❖ 權利：分配權利必須合乎慣例、法規。

❖ 利益：提出的方案必須符合雙方需要。

❖ 原則：採取對等、公平、合理原則的被接受度會比較高。

❖ 處理對方的反應：不論對方表示同意、不同意或無反應，都必須做出明確的確認。

● 案例：退費談判

James 旅美返台探親 15 天，第一晚入住友人 A 君幫他代訂的旅店 M 時，闊氣地全額繳清 15,000 元的房費。當晚 10 點他回到旅店時發現房間內部充滿霉味，櫃臺立即協助提供一台空氣濾清器，但霉味依然存在，於是櫃臺主動為他更換一間低樓層房間，狀況仍未改善。James 與 A 君認為他們已經付清 15 天房費，談判居於劣勢，旅店堅持不退費他們大概也想不出方法。

James 打電話求助老友 Jack。Jack 打電話與櫃臺人員溝通，表明他與政府掌管觀光業務的主管很熟，他若向上反映該店衛生不佳，將影響旅店的評價等級。他建議讓 James 支付第一晚房間費（給），隔天上午讓他遷離，旅店必須退還 14 天預付房費（取），不得扣取任何手續費。若旅店高層同意，他就不向政府主管機關檢舉他們的衛生環境不佳（給）。隔日上午 8 點 James 在 A 君協助下順利取回預付的 14 天房費 1 萬 2 千元完成退房。

● 家庭講情不論理

家庭是講情的場所，不是論理的地方。華頓商學院教授史

都華‧戴蒙（Stuart Diamond）在《Getting More》書中描述許多家庭協商個案。「交換評價不相等的東西」是最和諧最有利於解決家庭問題的方法。保羅想在足球賽的週日和朋友一起去費城看球賽，妻子羅蘭則想邀保羅一起去紐約探望她的父母，他們互探彼此的興趣與需求之後，發現保羅非常喜歡看足球賽，而羅蘭非常孝順希望假日能探望父母，雙方似乎各有堅持，夫妻該如何解決這一項衝突？

保羅與羅蘭用尊重態度進行深度溝通，他們澄清了兩件事：

第一，了解羅蘭的真正目標是「探望父母」，但並不堅持一定要在紐約當地見到父母。

第二，保羅只看巨人隊的比賽，並非每一個週日都要與朋友一起去看足球賽。

羅蘭提出兼顧雙方利益的解決方案：

一、有巨人隊比賽的週日，我們幫父母購買週末來費城的車票，羅蘭可以在費城見到父母。

二、巨人隊沒有比賽的週日，兩夫妻就一起去紐約看羅蘭的父母。

　　本案協商成功的主因是雙方都具備希望解決問題的態度，其次，共同努力真誠溝通找出對方的真正需求，最後腦力激盪找出雙方都能接受的整合方案。

● 零用錢

　　老公邀請老婆參加同事高檔次聚餐，席間安排同事敬酒時說：很可惜！你的人緣好，在公司前途也看好，大家希望你有機會多多參加餐敘，雖然花費高一點（取），但絕對是值得的（給），人在一起叫團體，心在一起才叫團隊，團隊需要你。老婆聽畢心想，怎可讓我的老公離群索居落人之後！為了輝煌前途（取），輸人不輸陣，隔天給老公的零用錢馬上加倍（給）。

07 / **破解價格的**
合理化煙幕

● 給與取的陷阱

給與取必須具備成本概念，不能被文字或語意所製造合理化煙幕給矇蔽。

一位年輕帥哥飛往北美賞楓，中午在景點披薩店享用午餐，他點一個直徑 9 吋的披薩。等了一會兒，服務員客氣地端來兩份直徑 5 吋的披薩，服務員說：「9 吋的披薩沒有了，給您兩份 5 吋的，加起來是 10 吋，多送您 1 吋！」

帥哥一楞，客氣地請服務員把老闆給找來理論一番，他給老闆一個計算圓面積的數學公式：$S=\pi r^2$，其中 π 是圓周率，等於 3.1415926，r 是圓半徑。算下來，9 吋的面積 =63.62 平方

吋，而 5 吋的面積 =19.63 平方吋，兩個 5 吋面積加起來是 39.26
平方吋。圓面積算完了，他對老闆說：「你給我三個披薩，我
還虧著呢！怎麼能說是多送我一吋？」老闆無語，最後給了他 4
個披薩，並豎起拇指道：「亞洲來的年輕人厲害啊！」買賣要
能識破價格合理化煙幕，不要以為賣方多給了買方利益，其實
是賣方多取了買方的利益。

● 超市的定價策略

在激烈的通路競爭下，大賣場、超市、超商不得不使出突
發奇想的價格競爭策略，貨架上 S 牌乾麵新上市打出一次購買
一大包 125 元，平均一小包 25 元。若一次購買二大包 200 元，
平均一小包 20 元。從買方的角度分析：買多（給）算你便宜
（取），結果銷售量大增。事實上，廠商提高銷售量減少顧客
採購其他競爭品牌的機會，精算之後，顧客贏得小利，廠商贏
得大利。

08 /

分配式談判的
給與取

● 喊價要高、殺價要狠

分配式談判指的是買賣雙方從喊價要高殺價要狠展開，經過開價、討價、還價、再討價、再還價的交易過程。雙方不斷投石問路、設置障礙、討價還價、測試底價，從理想價格區、彈性價格區、底線價格區一路廝殺至雙方都願意接受的條件為止。

分配式談判依雙方籌碼優劣與牽制能力決定最終的協議合作點。

09 / 支配性談判的給與取

● 支配性策略稱為優勢策略

在一局博弈當中，假設能選擇的策略為「無論對手採取什麼樣的策略，你都可以得到比採取其他策略更好的結果」，在此狀況下，你採取的策略就是優勢策略。此外，採用混合策略，談判效益並沒有比原來的策略好，原來的這個策略即是支配性策略。

● 案例：工程開標

一、談判的對象：

甲方：施工單位總工（營建大公司）

乙方：老闆和專案經理（專案工程承包商）

二、談判的主題：

專案工程項目中基坑支護的價格談判

三、談判的場合：

甲方專案部辦公室

四、談判的過程：

❖背景：

施工單位投標總價（最低底價為 280 萬元，次低標為 298 萬元，不能低於 280 萬元）。

1. 我方希望將工程拆為兩部分，第一部分為基坑支護，由報價最低的 E 公司得標承建，第二部份土方部分由當地土佬承包（土佬報價25元／M3，包含清理淤泥排放證）。

2. E 公司基坑支護部分標價最低，經過約談，對方不同意分割該工程且不同意降價，只好作罷。

3. 後改與最低標 P 公司議價，此公司基坑支護部分報價為次低標，總價為最低標，我方希望 P 公司能將外運土方的價格由 28 元降至 25 元。

❖過程：

1. 我方先向 P 公司闡明談判主要目的是議價。不提與 E 公司議價失敗之事。主動定調，用定錨法限制談判框架，避免節外生枝。

2. 我方說明對方第一次報價的失誤，考慮雙方合作已經取得了一些信任，本次給對方多一次機會來議價。暗示對方『給』貴公司第二次機會，期待換「取」降價空間。

3. 對方開始吐苦水之外連帶把責任推到我方身上。對方提出本次支護技術上較困難，土方還要包辦理淤泥排放證，成本增加且我方資料不全，不能及時辦到淤泥排放證，施工過程中將遇到不少阻力也將增加成本，所以堅持報價無下調空間。

4. 我方強調本次只談價格不談其他技術問題，轉換議題另闢戰場，從不利於我方的情境，扭轉至對我方有利的情境，我方決定不再與 P 公司糾纏不清，並且告訴對方不要陳述那麼多理由，只要回覆我方：接受？或不接受？並且規定合同價必須包括：

（1）辦理淤泥排放證

（2）將土方外運單價降至 25 元／M3（下調 3 元）

（3）總價下調至 260 萬元

5. 對方馬上詳細分析土方單價的組成，並強調不能降價。

6. 我方馬上表明不與對方討論單價只討論總工程價，我方堅持 260 萬元。

7. 對方見我方態度強硬，經過短暫商量後同意將價格降至 270 萬元下調 10 萬元。

8. 我方見已達到期望值，立即鳴金收兵，雙方簽署約談備忘錄，待領導審批。最終領導同意將該項工程判給 P 公司承建。

五、談判成功因素分析：

1. 先入為主，運用定錨效應框住談判框架，使用支配性談判策略規範只談價格不談技術，杜絕對方討價還價的機會，在談判戰略取得優勢。

2. 拒絕與對方在技術成本問題上糾纏，堅壁清野聚焦我方目標，看透對方想做這一筆生意，我方貫徹意志終於成功。

10 / BATNA、ZOPA 是助力還是阻力

● 最佳替代協議方案（BATNA）

❖ 情境一：

Q 電視台 ABC 歡樂家庭熱門影集配音員與 Q 電視台的勞資談判過程引起大家廣泛討論，分配式談判中最佳替代協議方案（BATNA-Best Alternative to a Negotiated Agreement）到底是談判者的助力還是阻力？也引起談判專家們的重新檢視。

「ABC 歡樂家庭影集」是一齣十分賺錢的電視卡通影集，主要由 7 位配音員負責幫這部卡通影集的 48 位卡通人物配音。他們從 1990 年開始幫這部卡通配音，薪資經過逐年 3 次調整後，全體配音員的薪水已居同行之冠，當 2005 年這部卡通堂堂邁入

第 15 季時，這 7 位配音員的經紀人表示，除非 Q 電視台將每位配音員的薪水調成每集每人 35 萬美元，否則這些配音員就拒絕進錄音室配音，經紀人發出哀的美敦書，要求下一季錄製前一個月必須確認他們的要求。

　　平心而論，開價是否合理是一個見仁見智的問題，完全存乎談判者的個人認知。就像所有的談判者一樣「ABC 歡樂家庭影集」的配音員覺得他們的要求極為合理，因為「ABC 歡樂家庭影集」每年為 Q 電視台賺進 26 億美元的利潤，而他們是這部卡通的主要靈魂人物，當然有權利要求合理匹配的酬勞；更何況比起另外一部電視影集「好友同行」每位主要演員每集的演出酬勞 50 萬美元，這些配音員覺得他們的要求無疑是「小巫見大巫」。

　　從 Q 電視台的角度來看，他們認為「ABC 歡樂家庭影集」的成功來自整體劇組人員的努力與貢獻，除了這些配音員外，22 名劇情撰稿人員與幕前幕後所有工作同仁都功不可沒；對於每星期只工作二天的配音員，Q 電視台認為這些配音員提出如此極端的薪資要求有失公允。

　　假如無法跟配音員的經紀人達成談判協議，Q 電視台是否

有其他替代方案可以解除危機？更重要的是，這些替代方案中是否有任何一個方案的獲利可以高過配音員經紀人的提議？假如答案是肯定的，就代表 Q 電視台擁有 BATNA 的優勢，這個最佳替代方案可以讓 Q 電視台敢於回絕來自配音員經紀人的極端要求，甚至敢於終止與對方談判。但 BATNA 若不具備優勢，Q 電視台可能就必須低頭與對方展開談判。

Q 電視台一開始採取漠視態度不願意跟 7 位配音員的經紀人協商，但顯然拖延戰術不見任何具體效果，為了避免這部每年為電視台賺進 26 億美元的卡通影集發生開天窗的窘境，在權衡『談判或不談判』的相對利害關係之後，Q 電視台最終選擇坐下來與對方進行友善協商。

談判中無法取得協議而瀕臨破局時，一般而言，最佳替代協議方案（BATNA）可以使人有恃無恐，但事實上遇到擁有絕對優勢的談判對手，最佳替代協議方案不一定能成為談判者的最佳防禦堡壘。

● SAI 職籃聯盟的勞資談判

❖ 情境二：

2012 年 7 月 SAI 職籃聯盟勞資雙方就合同薪資調整問題展開激烈的談判，雙方的激烈對抗使談判陷入消耗戰，損失相當巨大，造成嚴重的資源浪費。雖然在 12 月份，博弈形勢發生轉變下，雙方最終願意達成意見一致。但如果事先對博弈成本做過模型評估，估算勞資雙方應該如何給？如何取？應該可以提高談判效益，不至於浪費時間與多方資源。

一、SAI 職籃聯盟勞資衝突與談判的過程：

自 2012 年 7 月 SAI 職籃聯盟勞資雙方就工資占聯盟收入、籃球相關收入「五五分潤」等分歧展開一系列談判，由於雙方都堅持不退讓，一度使球賽陷入停擺。整個過程如下：

第一階段：球員工會向國家仲裁機構提起訴訟，控告資方逼迫球員簽訂新的勞動合同，談判正式展開序幕。

第二階段：2012 年 11 月 30 日，工會和資方代表在就勞動合同到期前進行最後一次談判，結果無法達成協議，SAI 職籃聯盟比賽正式停止。

第三階段：雙方展開一系列談判，由於在球員資歷認定和收入分配上出現看法分歧，12 月 2 日，工會宣佈解散並正式以違反《反壟斷法》的名義起訴聯盟。

第四階段：12 月 27 日，在法庭做出判決前，勞方代表與資
方代表利用最後的機會繼續談判，雙方希望能
達成最後協定。在一系列討價還價後，雙方終
於在 12 月 18 日初步達成協議。

二、分析資方與勞方的「消耗戰」：

在初步達成協議前，雙方都選擇了對抗而不是妥協的策略，
雙方採取各種激烈手段企圖嚇阻對方以獲取更多利益。從博弈
論的角度論，這類戰術稱為「消耗戰博弈」。

	資　方	
勞方	對　抗	妥　協
對抗	0 . 0	20 . 10
妥協	10 . 20	15 . 15

博弈模型分析（報酬結構）

四種策略組合	（博奕賽局）的結果分析
對抗、對抗	勞資雙方將達不成任何協議 球員和資方就不會有任何收入 此時談判雙方的收益為**(0,0)**
對抗、妥協	收益為**(20，10)**或**(10，20)** 即選擇對抗的一方將獲得最大收益 選擇妥協的一方將獲得較小的收益 【納什均衡】： 如果有一方首先選擇了妥協 整個博弈就結束了
妥協、對抗	
妥協、妥協	雙方都進行了讓步，達成的協議將會 是雙方都受益，為**(15，15)**，但是對 任何一方來說並不是最大收益

談判技術發揮區域

三、博弈發展與 BATNA 的效益：

　　最終出現球員願意妥協、聯盟願意讓步的主要原因是世界職籃形勢比人強，球員沒有其他途徑可以獲取如此高的工資收入，聯盟沒有這一群高知名度球員出場比賽，將沒球迷願意花錢進場觀賞比賽，勞資博奕最終走向妥協讓步創造共贏是最佳結果。聯盟縱使掌握最佳預備協議方案，球員也可以選擇去歐洲打球，但與妥協讓步所能取得的效益都無法相比。

● 使用 BATNA 的五項要點

如何使用談判最佳替代協議方案（BATNA）？專家提醒要注意以下五個重點：

第一、談判前就必須備妥你的替代選項。

避免在談判過程中臨時構思 BATNA，因為沒有充裕時間可以精準分析損益時，你可能會做錯決定。

第二、評估對方的替代選項。

迪帕・馬哈拉（Deepak Malhotra）與馬克斯・巴澤曼（Max Bazerman）在他們合著的《談判天才 Negotiation Genius: How to Overcome Obstacles and Achieve Brilliant Results at the Bargaining Table and Beyond》指出，分析對手的最佳預備方案，可以測知對手的可能底價。你可以觀察對方被你拒絕後做出什麼反應？你可藉機了解對方的可接納範圍。

第三、挑個好時機與對象有利於砍價。

「價格不是一成不變的」，隨著季節性、時間性、

供需不平衡而決定價格的高低。例如：你對附近一家電子商品店進行研究，發現這家商店在週年慶可能願意與亞馬遜網站一樣以 900 美元出售你要的一款電視機。現在你大體上知道可能達成的「協議區」（ZOPA，zone of possible agreement）落在哪裡了，它在 900 美元與 975 美元之間。在談判中，你的目標價格區就是將成交價盡量拉近 900 美元。

《消費者報告 Consume Reports》建議，討價還價時機應選在賣場比較安靜的早晨或晚間。在連鎖加盟商店，你如果想討價還價，或許需要直接找上經理。《消費者報告》更進一步建議，若在商場購物，你應該選在身邊沒有其他顧客的時機展開談判，因為銷售人員不希望其他顧客也聞風而來要求同樣價碼。設定你的 ZOPA 與 BATNA，面對談判條件的攻防才不會慌張失措進退失據。

第四、保持友善熱度持續喊牌，直到取得利益平衡為止。

假設銷售人員告訴你，他不可能將價碼壓到 900 美元，「但我可以減 75 塊，只賣 1025。」你可以這麼

回答：「我希望今天就把電視機買回家，我願意加到 925。」維持友善熱度有助於鼓舞對方大方讓步，再加上堅持的態度比較容易達標。

第五、擴大議題增加機會。

討價還價之外，承諾為賣方創造更多商機，提供對方讓價的台階，不要使用線性思考只顧殺價，要加入對對方有利的議題，增加說服機會。

11 / 將「給與取」做為締結手段

● 見好就收

談判目的達成後，跟釣到魚一樣要趕緊收線，入袋為安。避免在談判桌上消耗時間，應該見好就收才不會橫生枝節，讓對方有機會反悔或補砍一刀。

● 將給與取的結果做為締結工具

機會一：有一方認輸，願意接受當下的結果。

機會二：結果雖不公平，但一個願打一個願挨，雙方都沒話說。

機會三：各得其利各取所需，雙方認為自己已經取得滿意
　　　　的獲利。

機會四：雙方表示雖不滿意，但是可以接受。

Part 5

應用篇

Chapter 12

談判新手上路
3 + 6

01 /

談判新手必先上手的
3 項能力

● **第一項能力：隨機應變**

　　享譽國際的哈佛商學院談判教授麥克・惠勒（Michael Wheeler）深入研究發現，頂尖談判高手與一般談判者的最大差別在於：頂尖高手敏於掌握談判過程中「隨機應變」的精髓，惠勒教授指出成為頂尖談判高手的祕訣不在於你是否精通各種談判理論，而在於你是否能夠發揮「隨機應變的靈活度」。

　　惠勒教授強調，學過許多談判理論反而會限制自己在交涉過程獲致合作的可能性。惠勒教授在《交涉的藝術》書中認為不要被雙贏觀念限制，妥協、讓步、破局都可能是一種好的結果。談判過程充滿變數，沒有人一開始就能預知是否可以得到

最大的利益，在談判過程中隨時隨機應變才能確保談判的最佳結果。惠勒教授認為談判事先設定的目標不一定能達成，也不一定是最好的，經過隨機應變產出的結果可能讓談判者得到更好更多。

● 第二項能力：分析籌碼

談判是比籌碼的一場博奕賽局，生手上路必須學會分析雙方手中籌碼，將影響談判發展的各種籌碼列出一張清單，分類後依重要性排列，最後評估雙方的談判實力決定你的談判策略，知己知彼掌握籌碼才能制敵機先。

● 第三項能力：掌握人性

人類行為是可以預測的，處理衝突的初期，多數人對結果都沒有把握，因此外在行為選擇抗爭以捍衛權益，內在選擇趨吉避凶。處理衝突，生手要能透視對方心理，了解人性才能發揮影響力。牢記人類有「損失厭惡」心理。

《菁英律師》影集中強調談判要關注「人和」，不要在爭執點上化不開，大事可以化小，小事可以化無，關鍵在「人」，

掌握人的因素才能解決問題。從今以後要多觀察人，觀察不同人在不同情境下會做出什麼樣的反應？未來談判時，先抽離自己，客觀分析對手的典型、習性、能耐、可能反應，你便能以對手為導向提出高效益的談判對策。

02 / 談判新手必學的 6 招

● **第一招：因人而異、袖裡有乾坤**

❖ **用溫情跟喜歡「講情」的對手談判**

談判時說話語氣要溫和，態度柔軟，互相尊重，向對方持續傳達情緒共鳴，尊重他的立場，關心他的感受，施壓時出手不能太重。這一類談判者屬於 DISC 人際風格中無尾熊型。不要給對方太大壓力，鼓舞對方互利共贏就對了。

❖ **用闡述道理跟喜歡「說理」的對手談判**

談判時多準備事證，多花一點時間，耐心利用客觀標準與邏輯推論跟他講清楚說明白。這一類談判者屬於 DISC 人際風格中的貓頭鷹型。與他溝通要有組織、有邏輯、有憑證，也要多

聽他的論述，跟這種人談判，要偏重理性、證據、道理，頻率對了，事情就容易解決。

❖ 用展望與互動與「熱情型」的對手談判

談判時喜歡談合作願景、環繞著周邊事情侃侃而談，偶而會偏離談判主題。這一類對手屬於 DISC 人際風格的孔雀型。陪著對方的話題發展，但很快把他拉回現實處理爭端。這種人面對衝突依然一派樂觀，順著對方的熱情要求他提出具體決方案，就可以順利解決問題。

❖ 用規定法律跟喜歡「論法型」的對手談判

談判時用冷靜理性的態度，依照規定、法律，合約、標準論事。這一類對手屬於 DISC 人際風格的老虎型。面對對方冷面無情，一板一眼，依法論事，你不用太緊張，標準有客觀性，你只要了解標準是怎麼訂，對你是否公平，就不會吃虧了。

新手談判先學會應付「人」，因人而異，見招拆招，袖裡有乾坤。

● 第二招：下定義、翻轉定義

學會下定義取得談判優勢。例如：我們這一回協商重點不

是合不合作的問題，是應該如何合作的問題。例如：你們一直嫌貴，事實上，價格不會單獨存在，價格與價值通常成等比，一分錢一定是一分貨。

● 第三招：借力使力

借力使力談判不費力，借用形勢理，氣候因素、客觀第三方，資訊籌碼、時間籌碼、權勢籌碼，對方的心理。例如：英國大英圖書館是世界著名的圖書館，裡面的藏書非常豐富。有一次，圖書館要搬家，要從舊館搬到新館，結果一算，搬運費要幾百萬，圖書館根本就沒有這麼多預算。怎麼辦？有人為館長提出借力使力的好主意。

圖書館在報上登了一個廣告：從即日開始，每個市民可以免費從大英圖書館一次借閱 10 本書。結果，許多市民蜂擁而至，沒幾天，就把圖書館的書借光了。圖書借光了，怎麼還書呢？請大家未來到新館來還書。就這樣，大英圖書館借用眾人的力量，節省一大筆費用，輕鬆地搬入新家，借力使力即是槓桿原理，找到一個支點說服讀者。

● 第四招：圍魏救趙

攻擊對方利益達成保護自己利益的目標。

戰國時代秦國攻打趙國，齊國為了保護趙國，出兵包圍魏國，秦國一面派兵攻打趙國一面派兵救援魏國，齊國的策略促使秦國兵力分散而無法消滅趙國。圍魏救趙是利用攻擊對方利益達成保護自己利益的策略。例如：買主希望高樓層景觀房的售價從 3,200 萬元降為 2,800 萬元，不動產經紀人同意降價，但只能選擇 3 樓以下同型房子。

● 第五招：鋸箭法

將問題推卸給對方或第三方，自己免負責任的談判技巧。

古代 A 君與 B 君非常喜歡打獵。一日相偕赴森林打獵，A 君眼尖看見一頭山豬，他請 B 君趨前圍補，結果因為箭法不準，不僅沒有射中山豬，還射中 B 君的大腿。鎮上大夫把 B 君大腿外的箭頭鋸斷說：「好了！」A、B 兩人異口同聲說：「大夫有沒有搞錯？箭頭還在大腿裡，怎麼說好了？」大夫很篤定地說：「請你們到診所外面看清楚我的招牌就知道我沒有錯。」兩人

一看：「喔！是外科醫生！只負責腿外面的治療，腿內的箭頭要另外找內科醫師喔！」鋸箭法用於談判：出現不利情境時，找一個理由推卸責任，避免對方要求巨額賠償。使用時要注意：合理的推諉比較容易被接受。

● 第六招：補鍋法

條件無法滿足對方時，利用補鍋法讓對方產生「還好」、「可以接受」、「狀況不至於太壞」的心理。

第一階段：將問題擴大。

第二階段：造成對方「還好的心理」。

在鄉下，補鍋師傅用鐵鎚將大娘鍋子的小洞敲成大洞，然後報價 40 元，大娘抱怨說：「今天漲價一倍啦！以前只要 20 元。」師傅回應：「若是嫌貴，妳花 200 元去買一個新鍋吧！我幫妳省下 160 元，妳沒有感謝我！今天算妳運氣好碰上我這位『天下第一補』，否則妳就要花大錢了！」

「補鍋法」是談判賽局理論「兩害相權取其輕，壞中取小」的靈活應用。

03 / 簡易的 PRAM 談判模式

● 易學易用的 PRAM 談判模式

PRAM 談判模式適合初學者使用，四個步驟分別為計畫（Plan）、關係（Relationship）、協定（Agreement）、維持（Maintenance）。

步驟一：制定談判計畫（Plan）

利用 5W2H 系統化思考制訂你的談判計畫：

WHY：為何需要談判？談判的動機為何？

WHAT：要談什麼？談判的目的？擁有哪些籌碼？

WHEN：何時要談？何時比較有利？談判週期有多長？

WHO：選誰去談？如何組成團隊？

WHERE：在何處談？有無主場優勢？

HOW：如何策劃？如何訂目標？如何進行？

HOW MUCH：需要花費多少成本？

步驟二：建立競合關係（Relationship）

談判能否解決問題需要對方的合作。用什麼方法可以引導對方合作？談判關係如何建立？採取哈佛原則式談判的人事分離策略，維持 Frenemy 既競爭又合作關係。

步驟三：達成協定（Agreement）

努力制訂使雙方都能接受的協定。在博奕賽局中善用納許均衡，不要只顧追求個人最大利益，要追求團體最佳利益。

步驟四：維持（Maintenance）

促進協定的履行與關係的維持在談判中是極為重要的一環。為了促使對方履行協定，必須要求雙方確認協議的執行細節與時間進度，同時保持雙方友善的互動關係。

04 / 360 度船舵創意圖 ─籌碼魔術卡

上談判桌，有三大困擾：籌碼不足、膽識不足、應變不足。解決這三大問題的策略：讓談判者有能力源源不斷產出許多籌碼，能產出許多籌碼就會有膽識，就能養成應變能力。

準備一張 A4 白紙，一支原子筆，畫好「360 度船舵創意圖」後，在三大籌碼與 ICE 外面的空白處寫下你的 30 個創意點子。

● **案例：**

⌘ 攻方（甲方、採購方）腦力激盪後的籌碼清單：

一、時間籌碼

籌碼 1：有三個月安全庫存的備料，交貨期不急，乙方無法

藉此抬價。（時間充裕）

籌碼 2：本月份是乙方的銷售淡季，提早下單分批交貨，時間點有利於殺價。（淡季時間點）

籌碼 3：要求降價 3％，月底前乙方必須送樣，完成簽約，否則將考慮轉單。（時間壓力）

其他籌碼：……

（圖表設計：王時成 NegomasterCard2021-45-1）

二、資訊籌碼（亦稱情報籌碼）

籌碼 1：乙方業務經理上個月到任，積極加強顧客公關，希望與我廠維持關係。（希望維持顧客關係穩定）

籌碼 2：該產業今年競爭特別激烈，乙方銷售總額與去年同期相比，下滑 2 成。（對方擔心業務流失）

籌碼 3：乙方主要競爭者 X 廠的改良產品將於下個月上市。（新的競爭者進入市場）

其他籌碼：⋯⋯

三、權勢籌碼

籌碼 1：本廠支持乙方業務長達 10 年，已成重要客戶，乙方不敢忽視本廠。（長期夥伴關係）

籌碼 2：本廠明年 7 月將完成擴建，採購需求將提高 1.5 倍。（本廠將成為對方的大客戶、增加話語權）

籌碼 3：目前同級品供應商共有兩家，本廠擁有分配訂單數量的生殺大權。（訂單分配權）

其他籌碼：⋯⋯

⌘守方（乙方、銷售方）腦力激盪後的籌碼清單：

一、時間籌碼

籌碼 1：本廠生產淡季與旺季的成本不一樣，報價必須不一樣。（季節性訂價權）

籌碼 2：若能一次簽訂一年合約，本廠就能提供 1.5％的價格優惠。（掌握合約時間長短的優惠權）

籌碼 3：少量多樣產品的交貨期最快是 7 天。（交貨時間籌碼）

其他籌碼：……

二、資訊籌碼

籌碼 1：去年 8 月份甲方向本廠競爭者採購一批貨，品質曾經出過問題。

籌碼 2：使用單位透露，本廠技術人員的服務質量比較令他們滿意。（客戶比較信任本廠的技術）

籌碼 3：甲方去年股價創新高，經營績效好，獲利好。（客戶經營獲利能力佳）

其他籌碼：……

三、權勢籌碼

籌碼1：本廠業務主管新到任，積極加強高層顧客公關，買
　　　賣雙方關係穩定。（新官上任積極鞏固客戶關係的
　　　權勢）

籌碼2：採購既是同鄉又是學長，本廠有學緣、地緣、人緣
　　　的三緣優勢。（我方擁有親近關係的權勢）

籌碼3：本廠佔同業總生產量的18％，高居市場領導者地
　　　位。（我方是大廠，擁有供應商不敢忽視的權勢）

其他籌碼：……

05 ╱ 錦囊妙計 A：擬定對策流程卡

使用流程卡擬定談判對策，有效幫助生手養成邏輯思考、系統化思考，增加對策的有效性，避免談判者成為盲劍客，矇著眼睛胡亂出招。

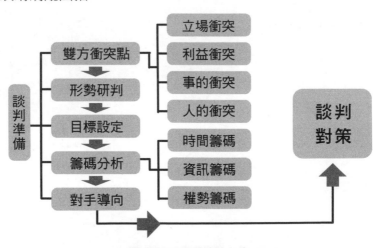

圓桌談判錦囊妙計 A 卡
（圖表設計：王時成 NegomasterCard2021-45-2）

錦囊妙計 B：
化解衝突管理卡

「化解衝突管理卡」必須要注意以下四個重點：

一、運用槓桿原理找出對方的支點

二、運用顯微鏡放大鏡望遠鏡把餅做大增加協議機會

三、運用 ICE 迫使對方展開利益交換

四、運用對方的阿基里斯腱逼迫對方訂立城下之盟

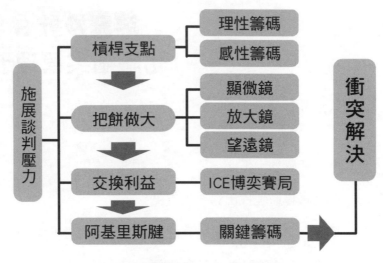

圓桌談判錦囊妙計 B 卡（第二階段）
（圖表設計：王時成 NegomasterCard2021-45-3）

錦囊妙計 C：
運籌帷幄流程圖

　　「談判大師 Negomaster 流程管理表」清楚點明「鷹眼狼顧」是談判技巧的重中之重。觀察形勢、觀察對手、考慮法理情、了解對手的道德標準、測知雙方的談判目標。然後利用 TIP 物理性籌碼、ICE 心理性籌碼與對方進行賽局博奕，最終運用納許均衡概念，做出妥協與讓步，追求團體的最大利益。

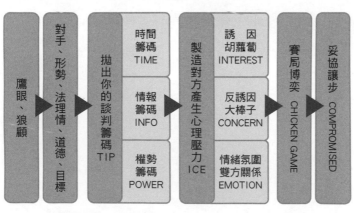

（圖表設計：王時成 NegomasterCard2021-45-4）

08 / 自我實現的預言： 我必將成為談判菁英

● 自我實現的預言

　　自證預言（Self-fulfilling Prophecy）又稱「自我應驗預言」或「自我實現預言」，由美國社會學家羅伯特・金・莫頓（Robert K. Merton）提出的一種社會心理學現象，指人們先入為主的判斷，無論其正確與否，都將或多或少的影響到人們的行為，以至於這個判斷最後真的就會實現。看完本書，可寫下：我在此提出自我實現的預言～我必將成為談判菁英、人生勝利組！

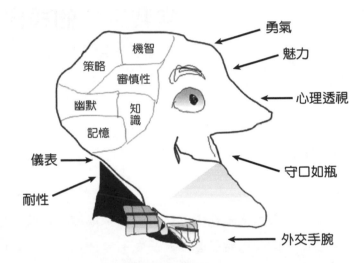

勇氣

魅力

心理透視

守口如瓶

外交手腕

機智

策略

審慎性

幽默

知識

記憶

儀表

耐性

本圖參考美國漫畫家構圖：
談判高手必須具備剛毅與韌性，機智與幽默。
（圖表設計：王時成 NegomasterCard2021-45-5）

應用篇

個案研討

● **個案一：善用槓桿支點（虛擬情境）**

❖ **背景：**

　　行政執行分署拍定義務人名下不動產，得標人具狀表示屋內遭遊民占用，向分署聲請點交。分署訂定履勘期日，先由書記官至現場瞭解現況，並將相關訊息帶回分署與行政執行官研擬點交策略。

第一階段：書記官到現場搜集情報

1. 現場約有4-5名遊民占用，有男有女，聲稱長期都住該屋內。

2. 其中 1 名表示其有肺結核，咳嗽聲不斷。

3. 書記官與遊民聊天過程，得知其中 1 位遊民似為主導者。

4. 書記官要求出示身分證，釐清身分。剛開始遊民拒絕。書記官告知若現在不出示並登記，將來權益恐會受損，若你們確實住在這裡而未登記，分署將無法確保你們合法居住的權益，未來風險亦將自行承擔等等。

5. 書記官多次前往現場張貼限期搬遷公告，避免未來須強制點交時，遭質疑未給予合理期限。

6. 遊民於紙箱、紙板等處寫執行署破壞、司法不公等文字。

第二階段：策略研擬與談判準備

1. 調查遊民戶籍資料，得知各遊民應均有實際住所，家都在附近。

2. 將遊民資料通報社會局，聯繫點交當日派員到場，處理後續安置事宜。

3. 聲稱是肺結核的遊民研判是阻撓手段，因其他遊民均未見懼怕，亦未戴上口罩，且分署發函詢問衛生局，證實該遊民並非通報肺結核患者。

4. 通知警察單位，必要時實施強制力排除占有。

5. 通知得標人，準備鎖匠及搬家公司。

6. 通知衛生局準備救護車。

7. 通知里長到場，里長拒絕，表示其曾遭遊民丟石頭，不想淌渾水。

8. 分署組成大隊人馬，有男有女（有女遊民），穿著制服，配戴口罩，全程錄影。

第三階段：點交當日

1. 運用權勢籌碼：

分署人員抵達現場，有 4 位遊民在內。行政執行官「大聲」宣布：「本件不動產已於○年○月○日拍定，並已由買主取得所有權。現場占用人已構成違法占用，請立即離開！如不離開，本分署將依法強制點交，並依侵入住宅罪與妨礙公務罪移送法辦。現場所留物品亦將視為廢棄物。」

2. 運用苦肉計：

遊民堅稱已住許久，東西太多，一時搬不走，生活困難，無處可去，需付搬遷費才肯離開，每位開價 2 萬。

3. 運用假情報：

要求遊民出示證件，推託未攜帶。

4. 形成僵局：

執行人員與得標人協商支付搬遷費，但得標人堅持不付，並表示點交是執行機關的責任與義務，執行機關應使用公權力強制點交，三方陷入談判僵局。實務上，執行機關多半會希望雙方取得共識，和平解決。得標人付錢了事最經濟，可迅速解決紛爭，避免使用強制力進行點交，發生激烈衝突也是執法人員最不樂見。

依據慣例大部分法拍投標人都會多留一點處理點交的資金，理由是若遇到海蟑螂或瘋狂佔有人，可能會對法拍屋進行破壞，例如：馬桶灌水泥、牆壁鑽洞等，甚至上吊導致變凶宅，選擇與得標人玉石俱焚，反而得不償失。分署同仁暗示得標人，遊民事實上很好打發，說不定丟個幾千元即可解決，早點拿到房子早出租，可以順利開始收取租金。但本件得標人堅持不付錢，整個點交程序前後耗時逾 3 個月，反過來要求執行分署強制點交。本案得標人認為這些遊民耍賴趁機勒索，不應該順著他們的要求。

5. 中立第三者介入：

警方到場後，執行人員告知狀況。該名員警經驗非常豐富，要求遊民核對身分，不交出身分證者立即帶回警局，遊民遂紛紛出示證件。

6. 逐一擊破：

將每位遊民支開分別進行勸導，發現其內部的意見並非一致，有位女遊民表示她無意對抗執法人員，是因為某 A 男遊民主導，她只好配合。

7. 突破僵局的關鍵：

社會局人員到場協助處理，因社會局事先掌握遊民身分，得知遊民領有社會補助款，遊民終於屈服。

8. 限期一星期將雜物搬離，否則視為廢棄物處理，並簽下筆錄，點交程序順利完成。

❖ **點交的定義：**

依強制執行法第 99 條規定，執行機關直接解除債務 (義務) 人或第三人之佔有，使歸買受人佔有之程序。即執行機關透過公

權力將法拍物件交付予拍定人之過程。一般實務處理流程如下：

拍定人取得權利移轉證書

→自行至現場看能否順利進入

→若無法，具狀聲請點交

→執行機關發公文限期搬遷

→期限屆滿，拍定人自行查看，若仍無法進入，聲請點交

→執行機關強制點交

❖ **研習方法：**

一、使用紅筆畫出本案執行的成功關鍵處。

二、註明每一個關鍵處使用的談判策略與說服技巧

三、本案技巧地使用時間籌碼、資訊籌碼、權勢籌碼，你
能分辨出來嗎？

四、回顧本案若交由不具談判能力的人執行，將會遇到哪
些困難？會不會對這些遊民束手無策？

● **個案二：催收貨款的談判（虛擬情境）**

❖ **背景：**

　　出口商乙公司（賣方）業務部邱經理向在美國的客戶甲公司田總經理（買方）催討一年來積欠的貨款美金 2 萬元。甲乙雙方建立買賣關係已達十年，但今年以來，甲公司陸陸續續積欠多筆貨款，乙公司只好終止供貨，並派出業務部邱經理與對方進行催收談判。

　　第一階段：

　　甲公司仍然繼續營業中，通過國際電話進行催收，債務人田總經理表達他很不愉快。

　　⌘ 技術分析：

一、債權人對債務人太客氣，通常收不回債款。

二、不要被對方用情緒手段矇騙，告訴對方催討債務是天經地義的事，請他趕快還清，我們就不會再來找你麻煩，你若不還未來必將更煩。形勢有利，站在理的一邊，義正辭嚴，立場堅定，不斷施壓，就是討債的不二法門。

第二階段：

邱經理客氣地向田總經理轉達他們公司的想法，積欠貨款高達美金 2 萬元，財務部與法務室主張提告。田總經理激動地表示：動不動就要告我！我才欠你們美金 2 萬元，你們竟威脅要告我？我過去 10 年怎麼樣跟你們往來的？我跟你們交易超過美金 100 萬元，你們賺我的不只 2 萬元吧！現在只是一時週轉不靈，你們竟然不顧舊情？好吧，你告吧！看你們能把我怎麼樣！希望你們做生意要看長遠一點！

⌘ 技術分析：

一、採用法律籌碼加壓對方讓對方警覺事態嚴重。

二、告訴對方我方賺多錢與他欠錢是兩碼事，一碼歸一碼，
　　做生意要成本。

第三階段：撼動對方的信心

田總經理反擊：別假裝了，律師費都比帳款更高。你來美國告我吧！我才欠你 USD2 萬，你打算花多少律師費呢？你打算花都久時間耗下去呢？我算準了你不會告，我就繼續拖欠著，

看看你的行動再說，你們敢威脅我，還設定時間底限？別後悔！敢這樣威脅我，我就等你告，你告贏了再說，你如果在最後時間底線之後，沒有真的提告，我就看穿你只是唬唬人，後續我就算有錢，也一定不會還給你，看看你要不要求我。

⌘研習方向：

1. 不能落入對方的情緒談判陷阱，乙方需要冷靜思考最佳對策。

2. 邱經理希望先評估欠款金額、訴訟費用、費時長短、證據是否齊備、勝訴後償付的可能性、對方會不會反訴等考慮再決定是否採取提告。

3. 選擇停止供貨應該是最可行的談判策略，逼迫對方新訂單必須全額匯款後才予出貨。

● 個案三：價格報錯的投標談判

　　台商 H 公司通過大陸 S 集團採購兩組機械設備 RTB（特殊規格、高單價）與 MAR（一般規格、低單價）的規格審核，W 公司在網路投標時誤將特殊規格 RTB 機械設備以低單價投標，一般規格的 MAR 機械設備以高單價投標，開標結果是高檔規格 RTB 設備中標，MAR 設備沒有中標。事實上在價格報錯之後，W 公司向 H 公司與 S 集團曾經反應價格報錯了，是否將該筆報價單作廢，S 集團表示經辦投標作業的是第三方網路平台，S 集團無法協助處理，最終生米煮成熟飯，H 公司將面臨違約被處罰鉅款並損及商譽，如依約交貨則損失更大。最終 H 公司採取〈與其不勝不如求不敗〉的賽局決策，與大陸 S 集團協商，依約完成交貨與付款後，由 S 集團在零件價格與服務費用方面稍微彌補 H 公司，但 S 集團仍獲得報錯價格的最大利益。

　⌘**研習方向：**

　　一、如何在誤觸法規之後，尋求行政救濟？

　　二、如何運用囚犯困境與賽局理論技巧？

● **個案四：社區監視系統採購談判**

　　管委會計畫全面更新社區安全監視系統，3 家廠商經過規格審查，最終選擇 3 家進入議價階段，管委會使用后翼棄兵戰略告訴 A 廠他們最有機會得標，因為該社區重視監視器主機與鏡頭的品質，請 A 廠提出 CP 值最高的方案。取得 A 廠最有利報價之後，管委會再請 B 廠與 C 廠分別提出該公司的強項與優惠報價，A 廠在 B 廠與 C 廠的夾擊下重新提出優惠條件給管委會，管委會最終在二桃殺三士的策略運用下，取得 CP 值最高的監視器設備。

⌘ **研習方向：**

一、選擇哪一家廠商做為標竿企業才能實踐二桃殺三士的策略？

二、如何激勵其他兩家願意積極投入參與競標？

● 個案五：外貿企業與經銷商的談判

❖ 背景：

2015 年台灣 S 製造商與外國 W 新客戶同時在轉換產品線，新科技產品很快成為 W 客戶在當地炙熱的形象產品。由於 W 客戶擁有高度專業性，所以 S 製造商 90% 出口產品選擇以 W 客戶為優先銷售對象。

一、代理權的爭議

S 製造商認為該公司出口產品已經是 W 客戶的形象產品，希望與對方簽訂代理合約，保障每年的外銷營業額，W 客戶既不願意簽約，又不希望 S 製造商將該項產品出口給其他買家影響他們的市場價格。由於合作多年，S 製造商對 W 客戶養成高度依賴性，每次談判因為擔心失去佔有 90% 銷貨量的 W 客戶而使談判老是居於劣勢，S 製造商忽略季辛吉雙觀點看問題的技巧，W 客戶其實也害怕無法取得他們經營多年的形象商品，而這些商品組合掌握在 S 製造商的手中。

二、客訴處理

S 製造商與 W 客戶已議定新產品首批出貨會提供出口量 3% 額度的客訴折扣，但若初次發生之客訴必須寄回客訴原因。若

客訴率在 3％以內，則等於無客訴，W 客戶不能取得折扣。但 W 客戶把這個折扣硬是當成產品的正常折扣，S 製造商若拒絕，他們就霸王硬上弓直接在下次付款單上扣款，而不看整體的客訴率是否達到 3％。S 製造商統計出客訴率是 1.82％，但 W 客戶不承認此客訴率，又不提供客訴原因分析表，S 製造商迫於無奈決定撤回客訴折扣率才制止對方無理的要求。

三、價格調漲

因為是外銷，交易幣別為美金，由於台幣大幅度的升值，使得 S 製造商的利潤損失超過 5％，之前曾提過一次要漲價，但 W 客戶希望廠商設定條件，要求先把客訴率及相關議題處理完成後再來談漲價。當時老闆同意並請 W 客戶提供出貨預測以供我們跟銀行談遠期匯率，以及提前備料，同時告知 W 客戶，若未來美金匯率降低也不能提降價，但 W 客戶遲遲都未提供，於是 S 製造商直接提了兩次漲價，但 W 客戶堅持早有議定不能以任何理由隨便漲價。S 製造商不得不採取強硬措施告知對方，原物料價格都已上漲 8％，再不同意工廠漲價，只能選擇停工待料，大家都無法繼續經營，W 客戶勉強同意調整價格，但目前手中這一張訂單必須維持原價。

⌘ **研習方向：**

一、如何突破『早有議定不能以任何理由隨便漲價』的限制？

二、如何突破『目前手中這一張訂單必須維持原價』的框架？

● **個案六：不懂法律不要上談判桌**

【糾紛一】：提前終止租約

❖ **背景說明：**

　　房客向房東承租一間租期 2 年套房，房東提前 1 年收回房屋自住，強勢要求房客於 1 個月內搬家並退還兩個月押金。

❖ **解決之道：**

　　房東同意補償房客 1 個月租金額之違約金，亦給予房 客 2 至 3 個月期間找合適房屋搬遷，另酌量補貼房客 搬遷費用。

【糾紛二】：提前終止租約

❖ **背景說明：**

　　雙方合意簽訂一年租約，房客未滿一年退租產生違約金爭議 雙方就違約金有爭執。

❖ **解決之道：**

　　仲介公司折讓服務費予房東解決爭議。

【糾紛三】：欠租

❖背景說明：

　　承租方積欠租金，常常故意不接聽電話，甚至故意搞失蹤，破壞屋內屋況。

❖解決之道：

　　出租人向法院提出告訴，經法院裁決勝訴，惟房客遲至申請點交才肯搬離。

【糾紛四】：尋找藉口要求解約

❖背景說明：

　　房客與房東簽租約，付訖 2 個月押金及 1 個月租金，明訂 11 月點交房屋，房客因故改至 12 月點交房屋並起算租金。房客於 12 月點交房屋時，稱洗衣機未換新、壁癌、天花板油漆色差等藉口，要求退租、返還所有租押金 及仲介半個月之服務費，並寄存證信函給房東。惟房東不同意解約退錢。

❖解決之道：

　　經法院判決，房東可沒收 2 個月押金，退還第 1 個月租金，仲介費全額毋須退還。

王時成　談判大師實踐寶典：
提高知識、見識、膽識，邁向人生勝利組

作　　　　者	王時成
美 術 編 輯	申朗創意
責 任 編 輯	劉佳玲
企 畫 選 書 人	賈俊國

總　　編　　輯	賈俊國
副 總 編 輯	蘇士尹
編　　　　輯	黃欣
行 銷 企 畫	張莉滎・蕭羽猜・黃欣

發 行 人	何飛鵬
法 律 顧 問	元禾法律事務所王子文律師
出　　　　版	布克文化出版事業部
	115台北市南港區昆陽街16號4樓
	電話：(02)2500-7008　傳真：(02)2502-7579
	Email：sbooker.service@cite.com.tw
發　　　　行	英屬蓋曼群島商家庭傳媒股份有限公司城邦分公司
	115台北市南港區昆陽街16號8樓
	書虫客服服務專線：(02)2500-7718；2500-7719
	24小時傳真專線：(02)2500-1990；2500-1991
	劃撥帳號：19863813；戶名：書虫股份有限公司
	讀者服務信箱：service@readingclub.com.tw
香港發行所	城邦（香港）出版集團有限公司
	香港九龍土瓜灣土瓜灣道86號順聯工業大廈6樓A室
	電話：+852-2508-6231　傳真：+852-2578-9337
	Email：hkcite@biznetvigator.com
馬新發行所	城邦（馬新）出版集團 Cité (M) Sdn. Bhd.
	41, Jalan Radin Anum, Bandar Baru Sri Petaling,
	57000 Kuala Lumpur, Malaysia
	電話：+603- 9056-3833　傳真：+603- 9057-6622
	Email：services@cite.my
印　　　　刷	韋懋實業有限公司
初　　　　版	2021年08月
	2024年09月初版2.6刷
定　　　　價	400元
I S B N	978-986-0796-07-0
E I S B N	978-986-0796-16-2 (EPUB)

國家圖書館出版品預行編目(CIP)資料

王時成 談判大師實踐寶典：提高知識、
見識、膽識，邁向人生勝利組/王時成作
. -- 初版. -- 臺北市：布克文化出版事業
部出版：英屬蓋曼群島商家庭傳媒股份
有限公司城邦分公司發行, 民110.07
　　面；　公分
ISBN 978-986-0796-07-0(平裝)
1.談判 2.談判策略

177.4　　　　　　　　　　110010428

©本著作之全球中文版（繁體版）為布克文化版權所有・翻印必究